おうちでできる

子どもの国語力の伸ばし方

中本順也
すばる進学セミナー代表
かまくら国語塾主宰

かんき出版

はじめに

「我が子の国語力を上げるために何かできることはないか」

そんな想いを抱えている保護者も多いのではないでしょうか。3児の親である私自身もその1人です。


本書にご興味をお持ちいただき、ありがとうございます。

神奈川県鎌倉市で「すばる進学セミナー」という中学受験・高校受験の学習塾を運営している、中本順也と申します。

大学で中学・高校の国語科教員免許を取得し、卒業後はマーケティングの仕事に3年間従事したのち、2007年より現在の学習塾で「国語」の指導と運営に携わっております。子どもたちに「国語」を心から楽しんでほしいという想いから、2020

年には小説創作教室「かまくら国語塾」もスタートしました。

本書には、そんな私が長年抱いてきた国語への想い、そして塾での指導経験を通して培《つちか》った「『言葉の力』を育む方法」を詰め込みました。

言葉の力――国語力――はすべての学びの土台だとよく言われます。でもどうすれば国語力を上げることができるのか、今ひとつはっきりとしていません。

そもそも、私たちは普段から「国語力」という言葉を使っていますが、改めて考えてみると、その意味するところは曖昧です。

生きていれば自然と国語力は育つ、とも言えます。

我が子がはじめて言葉を発したその日から、

もっと言えば生を受けたその瞬間から、国語力は徐々に成長しています。日々の経験を通じて、子どもたちの言葉の世界はどんどん広がっていくのです。

それでも「うちの子は国語力がない」と嘆《なげ》く声を多く耳にします。

では、私たちが子どもに身につけてほしい国語力とは、一体どんな力なのでしょうか。

それは、さまざまな文章を読んできちんと理解し、言葉を巧《たく》みに操《あやつ》りながら自分の考えを正しく伝え、あわよくば「国語」という教科でよい点数を取れるようにする、そんな力ではないでしょうか。

でも、みなさん気づいていますよね。その欲張った国語力は短期間で簡単に身につくものではないことに。

私が考える国語力とは、言葉を知り、それを自分のため、人のため、社会のために運用していく力です。その国語力の入り口には、まず、豊かな「言葉の力」がなくてはなりません。

だから、できるだけ多くの方法で、さまざまな角度から言葉の力を伸ばしていくことが最優先だと考えています。

人は、言葉によって頭や心のモヤモヤに初めて形を与えることができます。言葉を通じて考えをクリアにすることは、思考を深めるためのとても大切なプロセスです。

他人の考えを理解したり、自分と相手との違いを説明したりできるのも、言葉があるからこそ。「なぜ?」と物事に疑問を持つ批判的思考力も、「この気持ちはなんだろう?」と想像する力も、言葉によって形が与えられて、育まれていきます。

例えば、友達をうらやましくて憎く感じてしまう気持ちに『嫉妬』という言葉が当てはまったり、弟にやってはいけないことをして自分を悪く思う気持ちを『罪悪感』という言葉で説明できたりするようになる。

すると、自分の感情を他人に説明することができ、また自分の心の正体もわかります。

感情を適切な言葉で表すことで、自己理解が深まるのです。

では、国語力は学校や塾で教わることでしか伸ばせないのでしょうか。

いいえ、そんなことはありません。日常生活の中でも十分に国語力は伸ばせますし、ご家庭でのちょっとした工夫で、国語力はどんどん高めていくことができるのです。

本書ではまず、国語力がどういうものなのかについて、私の考えをより具体的に説明します。また、入試問題などの受験で問われる国語力にも触れていきます。

そのうえで、第3章からは、家庭で国語力を高めるための取り組みや環境づくりについてご紹介します。項目ごとに「取り組みやすさ」を5段階で表示し、おすすめの学年別（未就学〜高学年）に分けました。

読む順番は自由です。それぞれのご家庭に合ったペースと方法を選んで気軽に取り組んでみてください。

そして、最初にお伝えしておきたいこと。

それは、保護者のみなさんもこの取り組みにおいて、心の余裕を持っていただきたいということです。

親次第、
親のチカラ、
親が９割。
そう言われると、肩に力が入って、気持ちも重くなってしまうものです。
ですから、「あれもこれも」ではなく、「どれか」でかまいません。
親子で相談しながらどれに取り組むかを決めてみてもいいですね。この取り組みが、子どもと言葉の時間を楽しむひとつのきっかけとなれば幸いです。

万人に効果的で成功する方法なんてありません。同じ環境で同じように育てても、きょうだいですらまったく異なる成長を遂《と》げます。
だから、目の前の我が子に何が合っているか、喜んで取り組んでいるものはどれかを、探してください。

日常をちょっとだけ変えて、
世の中を明るく、はっきりと見ていく力を、
おうちで高めていく。

それは自然と国語の〝点数〟を上げることにもつながります。
家庭で国語力を高める取り組み、少しずつ始めてみませんか？

第3章 おうちでできる国語力アップの方法【未就学児〜】

第4章 おうちでできる国語力アップの方法【低学年〜】

第5章 おうちでできる国語力アップの方法【中学年〜】

第7章
おうちでできる国語力アップの方法【発展編】

18 おはなしづくりをしてみよう

ブックデザイン：PASSAGE（荻原佐織）
本文デザイン・DTP：木戸麻実
イラスト：かない

第1章

「国語力」ってなんだろう

そもそも「国語力」とは

国語力はテストの点数で測れる？

「国語力は大事」

「国語力がないから、算数や理科の文章題も解けない」

といった声は、塾の現場でもよく耳にします。

「国語力はすべての学習の土台」という話も、よく語られることです。


聞けば聞くほど、言われれば言われるほど重要に思えてくる「国語力」ですが、私たちが当たり前のように使っている「国語力」とは一体どういうものなのでしょうか。

最もわかりやすいのは、学校や塾のテストにおける国語の得点です。「算数は90点以上取れるけど、国語はいつも50点くらい」となると、国語力が足りないのでは？　と思ってしまいますよね。

テストや入試問題における点数は「評価」であり、ひとつの「基準」です。わかりやすく示された目の前の点数は、どうしても気になってしまうものです。

でも、ご安心ください。

学校のテストや入試問題の得点だけで、国語力は決まりません。

テストで測れるのは、国語力のほんの一部です。簡単には身につかないだけに、簡単に測れるものでもありません。

文部科学省は、これからの時代に求められる国語力を《二つの領域》で説明しています。

① 「国語の知識」や「教養・価値観・感性」等の基盤となる領域

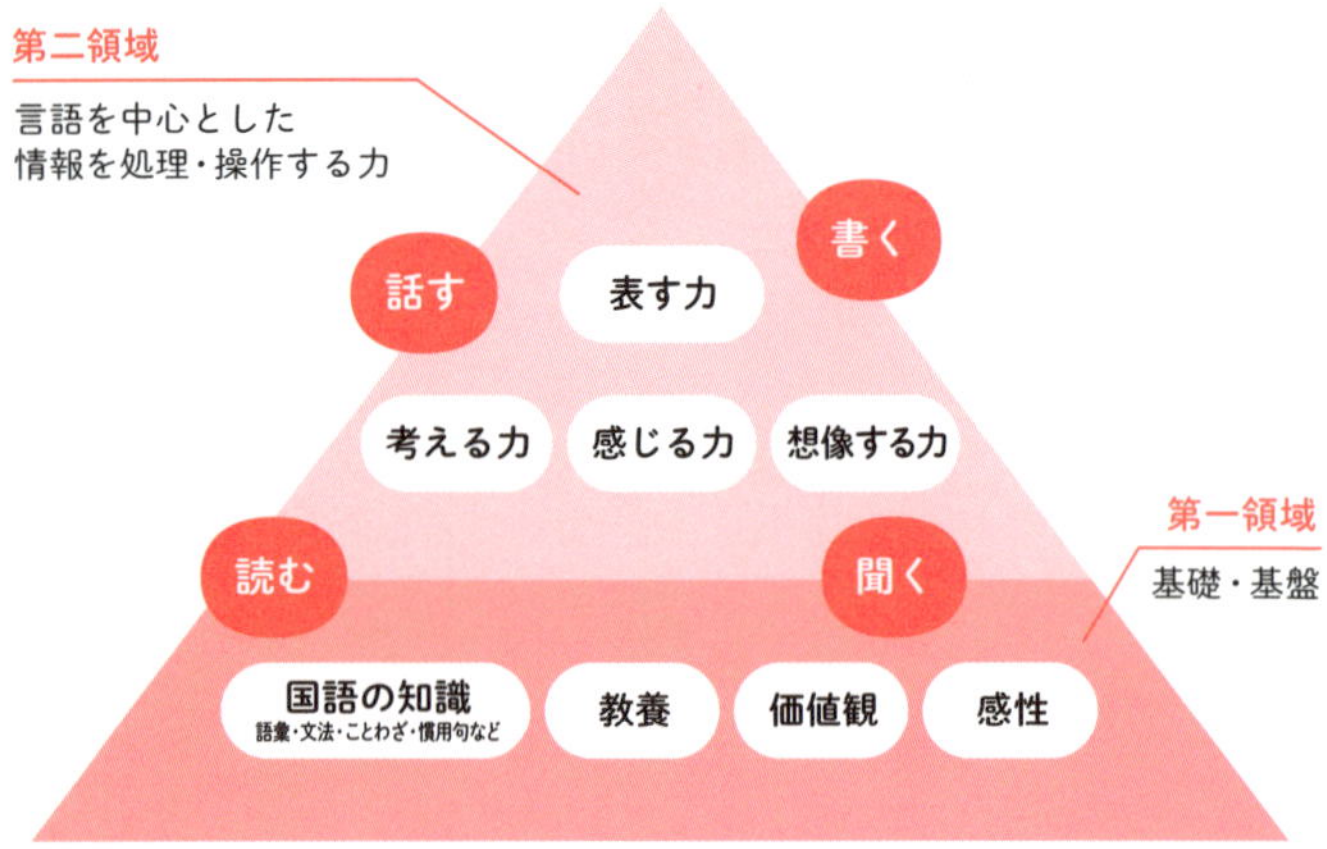

▲国語力のピラミッド

②考える力、感じる力、想像する力、表す力から成る、言語を中心とした情報を処理・操作する領域

国語の知識（語彙や文法、ことわざや慣用句など）や、さまざまな教養などをベースにして考えること、そして感じたり、想像したりしたことをアウトプットしていける総合的な力が、国語力であると読みとれます。

長らく「国語」という教科に接してきていますが、文部科学省が示しているこの考え方には、おおむね同意します。

国語力で「自分」をアップデートできる

国語力が上がると、考え方も感じ方も想像力も、すべてがベースアップします。自分というOSをアップデートする、もしくはスマホを最新機種に変更するイメージでしょうか。使えるアプリの数も、ディスプレイの美しさも変わりますよね。毎日のすべての行動が、よりスムーズに、よりクリアになっていきます。

「自分」という存在の持つ可能性を最大限に発揮するための心臓部分が、国語力です。

国語力は、国語という教科を超えて、私たちの日常のあちこちに存在しています。例えば、周りに「この人の話は面白いし聞きやすいな」「伝わりやすい文章だな」「この人は自分のことをよくわかってくれているな」と感じる人がいたら、その人は十分に高い国語力を持っていると言えます。

また、昨今はAIの進化も著《いちじる》しく、今後は子どもたちもChatGPTやGoogleなどの生成AIを活用していく機会が増えていくと思われます。

AIを有効に使うにも、国語力をベースとした言葉を駆使《くし》する力が必要です。

国語の授業を通して学ぶもの

〝共同体としてのルール〟を学ぶ最初の機会

では、日常の中にある「国語力」と「国語の授業」は別ものなのでしょうか。

私はそうは思いません。


国語の授業では、**「共同体としてのルール」**を学びます。

表現が少し難しいのですが、共同体というのは「同じ〝日本語〟を中心として扱い、主に日本という国をベースに置きながら生活していくグループ」と考えてください。

授業の中では、日本語で書かれた文章や詩歌を学ぶことで日本の文化や考え方を少しずつ学んでいきます。すると、いつしか「国語」というレンズを通して世界を見るようになっていきます。

「ごんぎつね」や「ちいちゃんのかげおくり」などは、保護者の皆さんも教科書で読んだ記憶があるかもしれません。

ほぼすべての教科書に長らく載っているこれらの教材を学んでいく中で、私たちは他人に対するうしろめたさや優しさ、悲惨《ひさん》で報われない戦争体験について知ります。

「古池や蛙《かわず》飛び込む水の音」では、その俳句にひと言も書かれていない「静けさ」を、私たちの共通の感覚として、いつの間にか持てるようになっていくのです。

どんなときに、どんな気持ちになるか。

相手の表情や態度を見て、気持ちをどう想像するか。

相手の言いたいことを、どう汲《く》みとればよいか。

「多くの人に共通する捉え方」を学ぶ最初の機会が国語の授業です。

ただし、そこには「限定された理解の幅」が存在すると私は考えています。

存在する「限定された理解の幅」

例えば、国語の教科書の定番教材である「くじらぐも」（校庭で体操をしていると空に不思議なくじらの形の雲が現れ、掛け声と共に雲に飛び乗った子どもたちと空の世界を進んでいくお話）では、「天までとどけ一、二、三。」という掛け声が繰り返されます。

授業では、読み方にどう変化をつけるのか、という発問があるかもしれません。すると、「気持ちが空にとどくように」「繰り返すたびに大きく」「読むスピードを変えて」「怒ったように」など、いろいろな意見が出てくるはずです。

国語の授業や国語の読解においては、ここで**「限定された理解の幅」**を意識していくことになります。

「みんなでくじらぐもに乗りたい」という気持ちが次第に高まっている表現とすること、そして「行ける」という期待感を持って読むこと、というある程度決められた理解の幅です。

繰り返すことの意味や、「一、二、三」というカウントアップが持つ効果について先生からの簡単な導きなどがあることによって、子どもたちの発言や考えの多くもそれに近いものとなるはずです。

もし少しずれていたとしても、心配はありません。「みんなはそう考えているのか」という気づきや、先生のヒントなどによって考える根拠を見つけていくことができます。

これこそが、国語の授業を集団で受ける意味ではないでしょうか。**ほかの子の発言やグループでの話し合いを通して、子どもたちは〝共同体としての理解の幅〟を少しずつ知っていくことができます**。

もちろん、この「幅」を飛び越えていく発想や主張も持ちたいものですし、その可能性を追うのも国語の楽しみのひとつです。

考えること、意見を持つこと自体には正解も不正解もありません。

ただ、どう考えるのが妥当か、どんな意見だったら成り立つ可能性があるのか、ということを学んでいくのが「国語」という科目です。

授業や教科書も〝日常の一部〟

教科書や授業で学ぶことは、それらの中にだけあるものではなく、私たちの日常の一部です。

私たちが暮らし、集まり、生み出していく中でも、同じようにたくさんの「暗黙の了解」や「一般論」を知っていきます。

日常で身につけたことを国語の中で発揮し、一方で国語で学んだことを日常に生かしていく。その行ったり来たりの繰り返しが「国語力」をゆっくりと育みます。

だからこそ、本書でお伝えする「家庭」という毎日の生活の中でも、自分の言葉で考え、想像し、表現していく機会を増やすことが大切だと思っています。

聞く・話す・読む・書く

国語力を分類する4技能

さて、国語力について少し長く説明してきましたが、まだフワッとしていて、「それで、その国語力というのは具体的にはどんな力なの?」とお感じかと思います。

22ページでご紹介した国語力を構成する「考える力」や「感じる力」「表す力」などは、「聞く」「話す」「読む」「書く」という4つの《言葉を使った具体的な行動》に分類されていると、文部科学省が説明しています。

それぞれ、どんな力なのかを簡単にまとめます。

●「聞く力」

話の大事な部分を捉えたり、話のペースやレベル感を合わせたり、話している人に共感して想いを汲みとったりする力。例えば、会話やディスカッションにおいて、相手の伝えたいことを正確に理解する、相手が思っていることや感じていることを探りながら聞き出すための力です。

●「話す力」

自分の考えを明確にし説得力を持って伝えたり、場面や相手に応じて伝えるべき内容をわかりやすく話すことができたりする力。例えば、意見を発表する際に根拠や理由を持ちながら話す、相手を傷つけないよう配慮しながら話すための力です。

●「読む力」

文章の内容や情報を正確に読みとったり、心情や内容を受け止めたりする力。例えば、説明的文章から伝えたいことの中心やその根拠を読みとる、物語文・小説において登場人物の心情を理解して、物語の流れをつかんだり味わったりするための

力です。

●「書く力」

さまざまな情報を集めてわかりやすい文章を書いたり、自分の意見や考えなどを正確に伝える文章を書いたりする力。

例えば、意見文や要約文を書く、相手に的確なフィードバックをするための力です。

なお、**「読む力」は、「読解力」とも言われます**。

自分が持っている知識と、文章などで与えられた情報を総合して考え、文章の意味を理解したり推測したりする力が読解力です。

ただ、私は「読む力」をもう少し広い意味で捉えています。**情報を受け止め理解するだけでなく、ときにそこから想像を広げたり、自分なりの考えを持ったりしながら深めていくことも、「読む力」である**と考えています。

いかがでしょうか。たしかにこれらの力を身につければ、テストでもよい点数が取れるような気がしてきます。

受験対策や学校の授業だけでなく、生きている中でのさまざまな体験で、これらの能力は伸びていきます。

本書では、その中でも主に家庭で、日常で、国語力を高めるためにできるアクションをご紹介します。

家庭での取り組みが「国語力アップ」を加速させる

成長と共に国語力は身につく

この本を読んでくださっている方の中には、「うちの子は国語が苦手だから……」と思っている方もいらっしゃると思います。

でも、「国語が苦手」にもいろいろとありますよね。

私自身、生徒や保護者によく相談されますので、ちょっと挙げてみます。

・ほかの教科に比べて国語の点数が低い
・語彙が少ない
・読解力がない

・読書をしない
・文章を書くのが下手
・漢字が書けない、読めない
・話していることが回りくどかったり、長かったりしてよくわからない
・話が通じない

いくつか当てはまりますでしょうか？

こういった不安があるからこそ、本書を手に取っていただいているかと思います。すでにいろいろな取り組みや勉強法を試されている方もいらっしゃるでしょう。

でも、ご心配は無用です。


小学校のときは点数が取れなかった学校や塾の国語のテスト、大人になってから見たらさすがに簡単に思えませんか。

もちろん、入試問題などでは大人もうなるような難しい出題もありますが、少なくとも子どもだったときよりは、今のほうが解けるはずです。

誰しもが成長と共に国語力を身につけていくのだということがわかります。

経験値が増えれば伸び率も上がる

生きるという経験の中でも自然と国語力は高まっていくわけですから、**意識的に経験値を増やせば、それだけ国語力は伸びていく**ということです。

家庭での取り組みは、子どもの経験値を増やすことにつながります。

今は苦手でも、これまで国語力を伸ばそうと取り組んできたことのすべては、少なからず子どもの国語力を伸ばすことにつながっています。

もっと言えば、「うちの子は国語が苦手」という意識をお持ちいただくだけでも、国語力向上の第一歩を踏み出しています。

本書でも、子ども1人ひとりにフィットする〝国語力を高める取り組み〟を発見するお手伝いができればと思います。

一方で、「入試」というタイムリミットがあるものに関しては、いかに早回しで、それでいて深い国語力を身につけていくかということが必要になってきます。

中学受験の国語は、人の気持ちを理解することや相手の言いたいことをつかむ力が重要になりますから、経験の数とペースを早めてあげることが必要です。

「聞く・話す・読む・書く」に触れる環境を家庭でどう作っていくか、また、それを**中学受験に当てはめて考えたとしたら、どのレベルまでやっていくとよさそうか**についてもお伝えします。

国語力は「遺伝」より「環境」

この章の最後にもうひとつ。

「お母さんもずっと国語が苦手だったから、あなたも国語が苦手なのね」

そう思われたこと、言ってしまったことはありませんか。

我が子が過去の自分と同じような間違いをしていたり、似たようなつまずきをしているところを目にしたりすると、ついそう思ってしまいます。

たしかに、人間が持っているさまざまな能力や資質は遺伝することがあります。
「お母さんは文系だから」「お父さんは理系だから」という言葉もよく耳にします。
でも、ご安心ください。**国語力はほとんど遺伝しません。**

双子を比較して環境と遺伝を研究する行動遺伝学で有名な慶應義塾大学の安藤寿康《あんどうじゅこう》教授によると、言語性知能（言葉を使った思考力や表現力≒国語力）に関しては、遺伝の影響がわずか15％程度。それに対して、家庭環境の影響は60％弱と非常に大きくなっていると説明されています※。

また、学校などの環境よりも家庭環境のほうがより影響力があるというデータも紹介されています。

数的処理の能力や音楽的センスの90％が遺伝によって決まるというデータと比べると、いかに言語（言葉）の力が環境によって左右されているかがわかります。
逆に言えば、国語力は環境によって向上する可能性が十分にあるということです。

遺伝ではなく、環境。

言語（言葉）の環境を整えていけば、「国語が苦手」の遺伝を乗り越えることができるのです。

ただ、「はじめに」でも書いたように、「家庭で育む国語力がすべてを決める」と背負い込む必要はありません。

まずは、肩の力を抜いて国語力についてなんとなく知っておくこと。

そして、本書の中に記されているような取り組み方が、ひとつの選択肢としてあることをわかっていただくだけで、家庭環境づくりの第一歩はクリアです。

※安藤寿康「遺伝マインド—遺伝子が織り成す行動と文化」（有斐閣Ins·igt）

第2章

中学受験と「国語力」

なんのために国語を学ぶのか

なぜ「偏差値」が気になってしまうのか

実際に取り組みについてご紹介する前に、もうひとつ、「中学受験国語」についても触れておきたいと思います。

この章では、「中学受験のための国語」とはどういうものかについてお伝えします。ただし、中学受験をすることが最良の選択であると伝えたいわけではありません。受験予定のない方も「どんなものなのかな」と気軽にお読みいただければと思います。

＊＊＊

塾で国語を教えていく中で、「国語の成績をよくしたい」「点数や偏差値を上げたい」という保護者の期待を日々実感します。

これは国語に限らず、教科の学習全般でも言えることです。偏差値は勉強の目標のひとつとして私たちの前にあり、多くの人が低いよりは高いほうがよい、少しでも偏差値を上げたいと思っています。

比べられることの痛みを知りながら、私たちは偏差値からなかなか逃れられません。

実際に、私も我が子がテストで100点を取ってくると嬉しいですし、点数が低かったときに「みんなできていなかった」と言われると安心します。

無意識のうちに、周りと比べる「偏差値志向」に囚《とら》われてしまっていることを実感します。

では、なぜ偏差値が高いとよいのでしょう。

偏差値がついているのは大学までですから、その背景には「有名大学を卒業すれば、大企業に就職できて安心・安泰」というストーリーが少なからずあるからではないでしょうか。

偏差値がいい中学・高校＝大学進学実績がいい。難関大学に入れると給料のいい就職先が見つかりやすくなって、将来のお金の不安が少ない。将来苦労しないために高偏差値の学校を目指すべきだ、と。

将来の不安材料はなるべく取り払いたいものです。


もちろん、人は環境によってよくも悪くもなる生き物です。

周囲に向上心があって、知的レベルが高く、要領のいい人が多くいれば、それに影響される。その環境を手に入れるために、偏差値が少しでも高い学校を目指すという理由もあると思います。

重要なのは学歴だけ？

学歴がよいほうがモテる。

学歴が人の信用を決める。

学歴が収入に比例する。

どれも断言はできませんが、否定もできません。私たちの世界には、学歴による「判断」がそこかしこに存在しているのです。

「学歴フィルター」という言葉をお聞きになったことはありますか。

企業が採用活動をする際に、学歴によってふるいをかけて選考を行なっているのではないかというものです。

もしこれが実際にあるならば、自分がやりたい仕事につく選択肢を狭《せば》めないために、いわゆる高偏差値の大学に入る必要があります。

そこで、誰もが知っている大企業で人事を担当している友人複数名に、こっそり聞いてみました。

話しにくそうにはしていましたが、「学歴フィルター」は以前ははっきりと存在したし、今も一部で残っているということでした。

会社に入ったあとに活躍できる人は、一定レベルの論理的思考ができて、文書を書いたり、数字を扱ったりする能力が高い。また、受験というひとつのハードルへ向けて努力したことがある経験は、仕事でも生きてくる。

要するに、受験によって高いハードルを乗り越えた人は仕事ができる人が多い、と。ただ一方で、学歴だけで判断をしていたら、会社に大きく貢献してくれる人材を見逃すことにもなりかねないということも話してくれました。

さらに友人が強調していたのは、**学歴ではなく、コミュニケーションスキルが最も重要である**ということです。

相手が伝えようとしていることを受け止め、自分の考えを的確に伝え、そして周囲とうまく連携しながら物事を前に進めていく力。学歴に関係なく社内で活躍している人は、文系理系問わず、ほぼ例外なくこのスキルが高いと言っていました。

これ、国語力ですよね。

高い国語力を身につけておくことは、学歴に影響するだけでなく、学歴を上回る成果をもたらしてくれるとも言えるのではないでしょうか。

受験で問われる「国語力」とは？

「表」と「裏」の国語力

それでは、中学受験で問われている「国語力」とは一体どのようなものなのでしょうか。

まず、**「語彙力」**。これは絶対です。言葉の意味や使い方がわからなければ読めないし、理解できないし、書けません。

難しい論説文や小説の出題を通して、一定の語彙力を持って入学してほしいという学校の意図はよくわかります。

語彙力がなければ、国語で点数を取るのは極めて難しくなります。

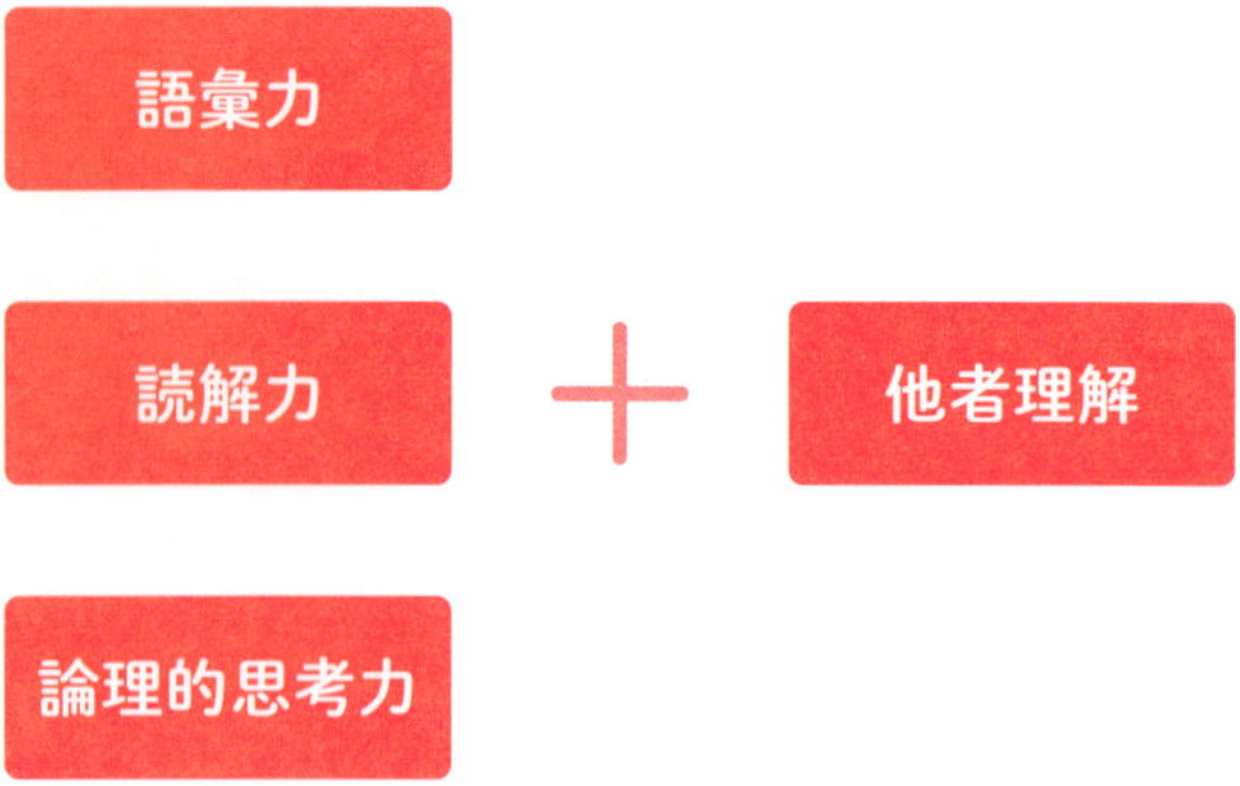

▲中学受験で問われる「国語力」の核

さらに、筆者や作者が文章を通して伝えようとしていることを読みとる**「読解力」**や、与えられた情報を的確に受け止め、筋道を立てて考えを整理していく**「論理的思考力」**などもあります。

入試教科としての国語で必要な力は多岐にわたりますが、私が最も重要だと考えているのが**「他者理解」**です。

他者の立場に立って気持ちを理解し（物語文・小説）、意見を受け止めて（説明的文章）、自分自身の感覚と客観的に照らし合わせる。そして、自らの想いや考えを文章や解答として、他者（学校）に届けていく。

何千題と国語の入試問題を解いていくなかで、否応《いやおう》なく感じさせられる、**いわば中学受験国語の隠れた約束ごとども言えるものが、この「他者理解」です**。

例えば栄光学園（神奈川県）の教育理念である「MEN FOR OTHERS, WITH OTHERS」や、東大寺学園（奈良県）が教育方針の中で「生あるものすべての共存・相互扶助への自覚を深め、情操豊かな人間性の育成につとめる」と説明しているように、私立中高一貫校のスクールポリシーにも、他者理解についての文言が並びます。

異質の他者を前にしたときでも、相手の気持ちを理解し、自分の考えも伝えられる人になってほしい。

そして、周りの人と協力して、1人ではできないことを実現できる人になってほしい。

多くの私立中高一貫校が教育理念として大切にしているのは、まさにこうした「他者理解」の力です。

人は誰でも、自分とは違う意見や考え方を持つ人と出会います。
違うからこそ、最初はわかり合えないのが当たり前なのかもしれません。
学校でも、社会に出ても、それは同じです。

言葉は、人と人とをつなぐ大切な〝共通の持ち物〟です。
自分の気持ちを伝えるとき、どんな言葉を選べば相手に届くのか。相手の言葉の裏には、どんな気持ちや考えが隠れているのか。

たくさんの言葉を知り、的確に運用できるようになれば、相手の理解につながります。

それはつまり、国語という入試科目で求められている力を発揮できるようになるということでもあるのです。

入試問題をどう読むか

入試問題で問われているもの

中学入試の国語で多く出題されるのは、**物語文・小説**と**説明的文章**です。

物語文・小説では、読むスピード、間接的な心情を読みとる力、物語の展開を味わう力、自分とは異なる他者を知る力などが問われます。

一方、説明的文章では、身の回りや世界が今どうなっているのか、あるいは自分の内面について考えるような文章が多く、論理的に理解する力や言い換えて表現する力などが問われます。

第1章で「限定された理解の幅」に触れましたが、受験では、その幅がさらに限定されます。**文章中に書かれている複数の根拠を集めて、正しいとされることを察して答えていく形が主流**です。

例えば、入試問題の小説の中で「昨日まで仲がよかった友達が、今朝はチラッとこちらを見ただけで挨拶をしてくれなかった」という部分があり、「なぜ挨拶をしなかったのか」という問いがあったとします。

可能性は無限です。「タイミングを逃した」「挨拶はしたけど聞こえなかった」「主人公が陰《かげ》で悪口を言っているということをLINEでほかの子から聞いた」など、いろいろなことが想像できます。

正直、どう読むのも本来は読者の勝手です。

でも、ここが設問になっているということは、出題者は答えを持っています。その答えとなる根拠やヒントも文章中に書かれています。そして、それを**自分の独自の考え方や発想ではなく、「こう答えるべき」という共同体のルールに従って探せるか**、というのが国語の入試問題です。

問題に込められた想い

実際に私立中学の国語の先生とお話しさせていただくことも多いのですが、各校の先生方は本当によく考えて問題文を選び、そして問題を作成されています。

どの作品のどの場所を使うか。どこに線を引いて、どんな問題を出すか。

そこには、**学校の考え方や求めていることを知ってほしい、そして受験生の皆さんが国語の問題と出合う経験を豊かなものにしてほしい**という願いが込められています。

中学入試の問題は、問題を作ってくれた方たちの想いに「今の自分」をぶつけていく、お互いの魂《たましい》が出会う場所です。

入試は学校からのメッセージと言われます。

そのメッセージに込められた想いや考えを受け止め、正しく返していくことができるかを試されているのです。

受験生である子どもたちは入試問題を通じて、背景を知り、人物関係を見つめ、なぜそのひと言を発するに至ったか、その心を想像します。文章を読む中で新たな気づきや発見をして、筆者の伝えたいメッセージを汲みとっていきます。

出題する学校側のねらいを紐解いていくことで、子どもたちはだんだんと他者を知ることができ、豊かで優しくなっていけるのではないでしょうか。

入試国語は、受験という一大イベントを乗り越えるためだけのものではなく、他者を知り、「善《よ》く生きる」ためのものでもあるのです。

受験を超えて

探究学習の第一人者である矢萩邦彦《やはぎくにひこ》さんは著書の中で「国語とは、文章の海の中から意味を見つける力を養い、その意味を味わう楽しみを教えてくれるものだということです」と述べています※。

意味を見つけ、意味を楽しむ。

このことは、中学入試国語の問題以外でもたくさん味わうことができます。**国語力は、受験を超えたその先の、もっとずっと続く人生においても必要となる力です**。

だからこそ、入試に向けた勉強だけで国語と向き合うのではなく、家庭でも国語力を伸ばす機会や環境を作ってほしいと思っています。

それでは、次章からいよいよ具体的な方法をお伝えしてまいります。家庭での国語力を高める取り組みを通して、世の中を見る目を、「善く生きる」ための目を養っていきませんか？

――第3章をお読みになる前に――

次ページからは、ご家庭で楽しみながら無理なく取り組んでいただくための5つのポイントをイラストと共にまとめました。

ぜひご一読のうえ、第3章以降に進んでいただければと思います。

※矢萩邦彦『子どもが「学びたくなる」育て方』（ダイヤモンド社）

ムリはしない、できることだけ

家庭での取り組みは、「少しずつ」「できることから」。短期間での成果が見えづらいのが国語の難しいところです。「このままでいいのかな」と心配になることがあるかもしれません。

でも、どうか焦らないで。

いつもの環境に「国語」を散りばめておくことで、国語に触れる機会が増え、国語力がいつの間にか伸びているという効果を狙っていきます。

大切なのは、始めてみることです。

まずは小さな一歩から。予算も、時間も、労力も。できることだけやりましょう。

よそはよそ、うちはうち

すべての子どもにとってうまくいく方法なんてありません。

「日記だけはずっと書いています」「トイレの日めくりは話題作りにいいですね」「うちはラジオは聴き続けられなかったな」など、十人十色の意見があって当たり前。保護者にも、できること・できないことがあって当然です。

家庭の数だけ、子どもの数だけ向き不向きがあります。続かなくてもいいし、試しにやってみるだけでも意味があります。

「我が家にあったやり方」を大事にしてくださいね。

何から
やってもいい、
とばして
もいい

子どもと一緒に「どれだったらできそうかな？」「やってみたいものある？」と相談しながら進めてみてください。

続けるポイントは次の通り。

- **嫌がっていない**
- **子どもが話題にする**
- **保護者側から働きかけなくても取り組んでいる**
- **楽しんでいる**

ひとつでも多く試してみて、本人の反応を見ながら選びましょう。

どこから読んでも、どこから取り組んでもＯＫ。

対象学年はあくまで目安です。

「合わなかった」という結果は、失敗ではなく、次を考えるチャンスです。

途中でやめてもいい

本人が「飽きた」と言い始めたら、「やりたくない」というサイン。やめるか続けるかを話し合ってください。

途中でやめてもOK。でも、もし辞める前に効果が感じられていたら、本人にきちんと伝えてあげてくださいね。

取り組みに対してネガティブな言葉を多く発するようになってきたら、ちょっと休憩しましょう。

しばらく時間を空けて、頃合いを見て再開するとうまくいくことがあります。「いったん置いておく」という判断も大切です。

時間を楽しんで！

これからご紹介する内容は、子ども１人で完結するものはわずかです。保護者が関わっていただくことで成り立つものがほとんどです。

子どもの変化を楽しんで、喜びや驚きをどんどん言葉で伝えてあげてください。

親子で一緒になって国語や言葉について考え、時間を共有することは、子どもにとっても保護者にとっても大切な時間となるはずです。

一番小さなコミュニティである〝家庭〟で、豊かな言葉が自然にめぐる時間をぜひ楽しんでほしいと思います。

親子の素敵な

「おうちでできる国語力アップの方法」ページの読み方

「取り組みやすさ」は5段階。★が少ないほど準備や時間が必要になります。対象学年はあくまで目安。

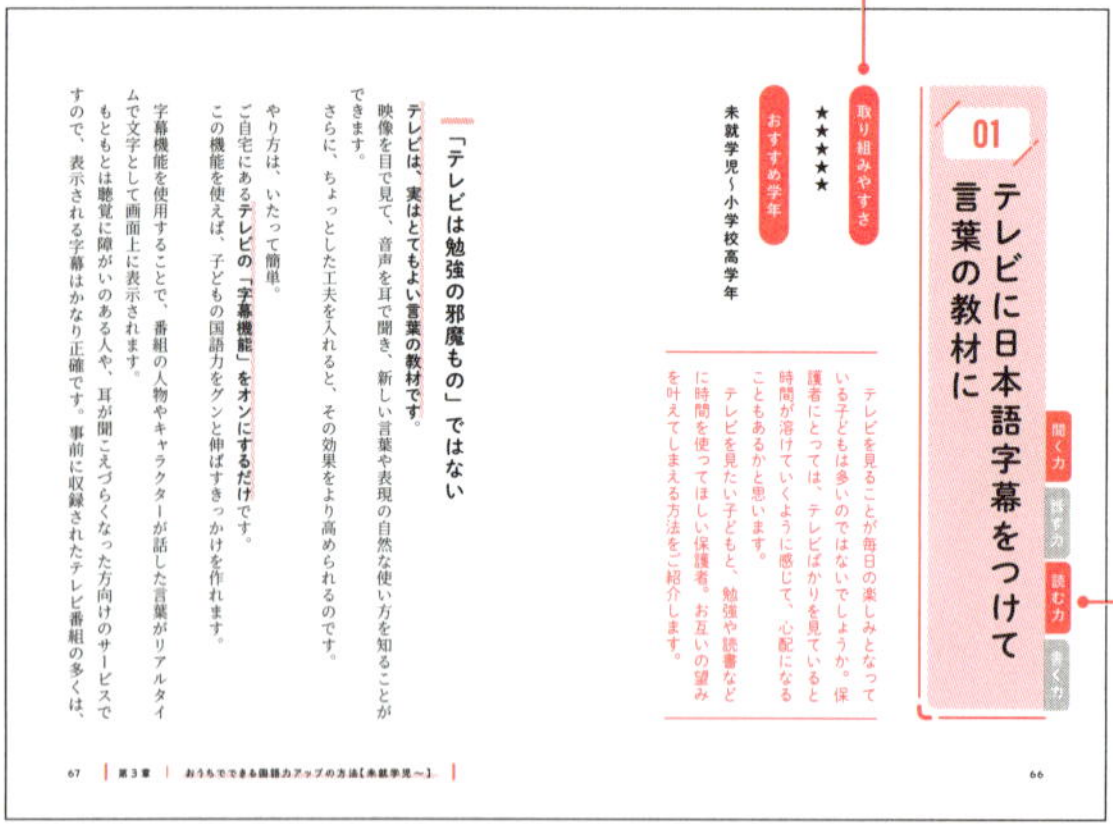
01

テレビに日本語字幕をつけて言葉の教材に

聞く力　話す力　読む力　書く力

取り組みやすさ ★★★★★

おすすめ学年 未就学児～小学校高学年

テレビを見ることが毎日の楽しみとなっている子どもは多いのではないでしょうか。保護者にとっては、テレビばかりを見ていると時間が溶けていくように感じて、心配になることもあるかと思います。

テレビを見たい子どもと、勉強や読書などに時間を使ってほしい保護者。お互いの望みを叶えてしまえる方法をご紹介します。

「テレビは勉強の邪魔もの」ではない

テレビは、実はとてもよい言葉の教材です。

映像を目で見て、音声を耳で聞き、新しい言葉や表現の自然な使い方を知ることができます。

さらに、ちょっとした工夫を入れると、その効果をより高められるのです。

やり方は、いたって簡単。

ご自宅にある**テレビの「字幕機能」をオンにするだけ**です。

この機能を使えば、子どもの国語力をグンと伸ばすきっかけを作れます。

字幕機能を使用することで、番組の人物やキャラクターが話した言葉がリアルタイムで文字として画面上に表示されます。

もともとは聴覚に障がいのある人や、耳が聞こえづらくなった方向けのサービスですので、表示される字幕はかなり正確です。事前に収録されたテレビ番組の多くは、

67　第3章　おうちでできる国語力アップの方法【未就学児～】　66

4技能のどの力が伸びるのかを示しています。

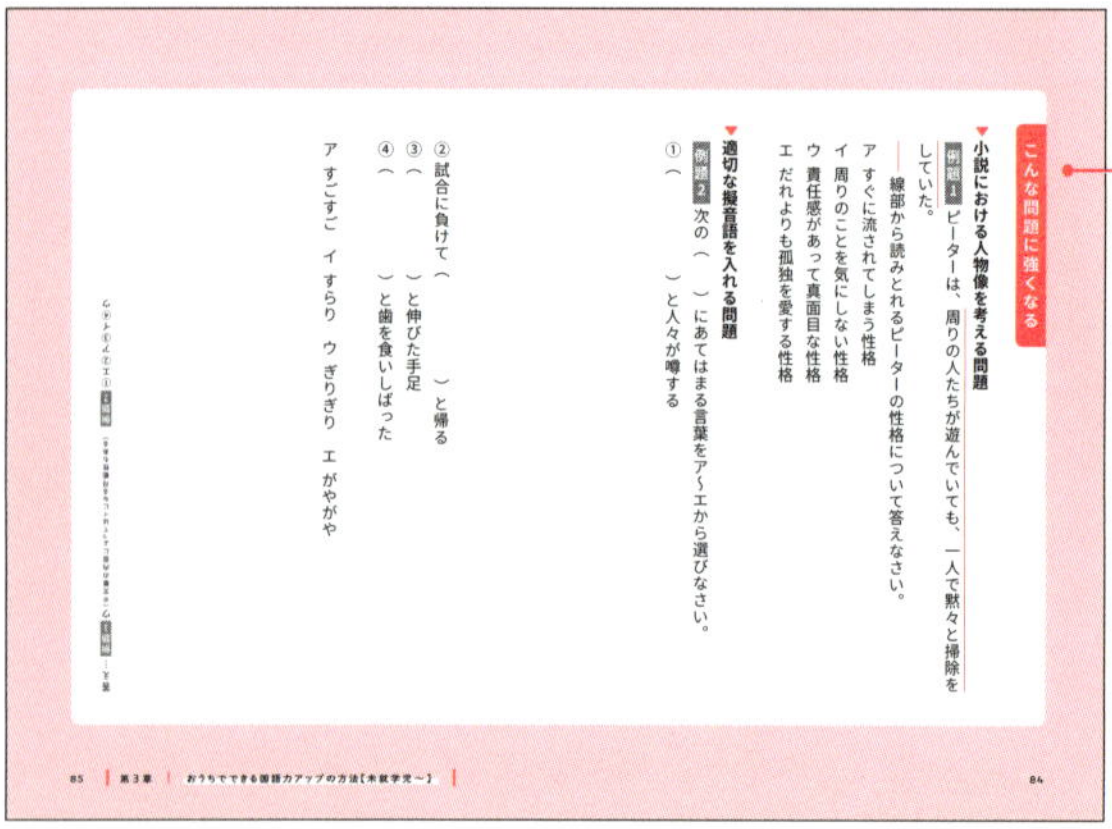
こんな問題に強くなる

▼小説における人物像を考える問題

例題1 ピーターは、周りの人たちが遊んでいても、一人で黙々と掃除をしていた。

――線部から読みとれるピーターの性格について答えなさい。

ア すぐに流されてしまう性格
イ 周りのことを気にしない性格
ウ 責任感があって真面目な性格
エ だれよりも孤独を愛する性格

▼適切な擬音語を入れる問題

例題2 次の（　）にあてはまる言葉をア～エから選びなさい。

①（　　）と人々が噂する
②試合に負けて（　　）と帰る
③（　　）と伸びた手足
④（　　）と歯を食いしばった

ア すごすご　イ すらり　ウ ぎりぎり　エ がやがや

85　第3章　おうちでできる国語力アップの方法【未就学児～】　84

中学受験やテストで、どのように問われるのかを示しました。受験を意識している方はこちらも参考にしてみてください。

第3章

おうちでできる国語力アップの方法

【未就学児〜】

01

テレビに日本語字幕をつけて言葉の教材に

聞く力
話す力
読む力
書く力

取り組みやすさ
★★★★★

おすすめ学年
未就学児～小学校高学年

テレビを見ることが毎日の楽しみとなっている子どもは多いのではないでしょうか。保護者にとっては、テレビばかりを見ていると時間が溶けていくように感じて、心配になることもあるかと思います。

テレビを見たい子どもと、勉強や読書などに時間を使ってほしい保護者。お互いの望みを叶えてしまえる方法をご紹介します。

「テレビは勉強の邪魔もの」ではない

テレビは、実はとてもよい言葉の教材です。映像を目で見て、音声を耳で聞き、新しい言葉や表現の自然な使い方を知ることができます。

さらに、ちょっとした工夫を入れると、その効果をより高められるのです。

やり方は、いたって簡単。

ご自宅にある**テレビの「字幕機能」をオンにするだけ**です。

この機能を使えば、子どもの国語力をグンと伸ばすきっかけを作れます。

字幕機能を使用することで、番組の人物やキャラクターが話した言葉がリアルタイムで文字として画面上に表示されます。

もともとは聴覚に障がいのある人や、耳が聞こえづらくなった方向けのサービスですので、表示される字幕はかなり正確です。事前に収録されたテレビ番組の多くは、放送の際に字幕データを同時に送信しているので、表示の遅れもありません。

ニュースなど生放送の番組も、少しの遅れはありますが、字幕表示されるようになっています。

各放送局には字幕専門の部署があって、日々そのクオリティは上がり続けていますので、今後は生放送でもほぼ遅延ゼロで字幕がついてくるようになるかもしれませんね。

テレビは勉強の邪魔ものではなく、国語学習の心強い味方になるのです。

好きな番組に字幕をつけて

「でも、うちの子、ニュースは見ないんです」

そういうご家庭でも、心配ご無用です。

大人が見せたい教育番組やニュース番組である必要はなく、**子どもが好きな番組、アニメなどでも大丈夫**です。実況がしっかりしているなら、スポーツ中継でも効果があります。

例えば、

「日本代表の予選の軌跡を考えれば、ベスト8も奇跡ではありません」

という実況があったとします。

音だけで聞くと同じ「キセキ」ですが、字幕をみると〝軌跡〟〝奇跡〟と、違う漢字で表示されていることに気づきます。

どうして？　意味が違うから？　という疑問や推測が生まれて、言葉について考えるきっかけにつながります。

字幕を表示させることの素晴らしさは、音声（耳）と映像の情報（目）に、違うパターンの視覚情報である文字情報が加わることです。

五感をなるべく連動させて使ったほうが、脳への信号が送られやすくなり、情報が定着しやすくなると言われています。

一度の視聴では頭に入ってこないかもしれませんが、繰り返し字幕を見ることで、

ただ見ているときよりも早くかつ正確に、よく出てくる言葉や漢字、言い回しなどを習得することができるのです。

この方法なら、子どもが見たい番組を見ながらでも国語の学習が可能ですね。

教育番組の字幕にはルビがある

字幕放送を毎日のように見ていると、小学1年生の子が習っていないはずの「虎」や「恐竜」などの漢字を突然書くことがあります。

文字情報と共にテレビを見ている成果です。

すべての番組とはいきませんが、**教育番組の字幕のほとんどの漢字にはルビが振られているため、子どもが好きな番組や興味を持って見ていた番組に出てきた漢字は、読み方も書き方も、そして漢字の持つ意味もごく自然に覚えてしまう**のです。

そう考えると、学習や発達を意識した番組ラインナップがそろうEテレの字幕は最強です。習慣として見られるお気に入りの番組をEテレで探せるといいですね。

論理的思考を学べたり、話の伝え方を学べたりする番組も数多くあります。子どもと一緒にＮＨＫのウェブサイトでＥテレの番組表を見ながら、「なんか見たいのある？」と話し合ってみるのもおすすめです。

ちなみに我が家では、さかなクンの番組に行きつきました。さかなクンだけに「ウマヅラハギちゃんは、優《やさ》しい眼差《まなざ》しで、淡《あわ》い水墨画《すいぼくが》のような色《いろ》をしています」などのようになかなか面白い感じの字幕がつきます。〝眼差し〟や〝淡い〟など、普段の生活ではあまり使わない言葉に出合う経験ができました。

毎回字幕付きで見ていると、うっとうしくて楽しめなくなってしまうので、ときどきは字幕を外して見るなどメリハリをつけてみるとよいでしょう。**番組レベルを変えることで、高学年まで割と効果を発揮する**のも、この方法のよいところです。

字幕で見たいおすすめ番組

Eテレ以外でおすすめの番組をご紹介します。

●「ダーウィンが来た」（NHK）

動物たちの生き方についての説明に字幕がつくため、動物好きの子にはうってつけです。図鑑などもあわせて読んでいくと、さらに情報量が増えます。

●NHKスペシャル（NHK）

ラグビーやサッカー、野球などのスポーツ、自然や動物などがテーマの回がおすすめです。ただし、政治や戦争などを扱うこともあるため、年齢に合わせて放送回は選ぶ必要があります。

● **大河ドラマ（NHK）**

歴史上の人物名は字幕で確認したほうが明らかにわかりやすい。似たような名前の人物も、文字情報があると区別がつきやすいですね。

● **ドラえもん（テレビ朝日系列）**

ドラえもんの中でも、特に映画版の放送回がおすすめです。人類の歴史や宇宙などについての知識も紹介され、毎週放送されるものより展開も多く、使われる言葉の種類も豊富です。テレビ放送以外に、動画配信サービスでも視聴できるものがあります。

● **天気予報**

天気予報では、季節や気候に合わせた言葉がたくさん使われています。〝彼岸〟や〝台風一過〟など、なかなか身につけづらい言葉も覚えられるかもしれません。

こんな問題に強くなる

▼同音異義語を書く問題

例題1 次の――線部のカタカナを漢字に直しなさい。

①自然ゲンショウ　人口がゲンショウした

②人質がカイホウされた　学校をカイホウする

③スパイエイセイで探る　精神エイセイによくない

▼難読漢字とその意味を答える問題

例題2 次の①～③の漢字の読みを答えなさい。

①為替

②訃報

③小春日和

答え…**例題1** ①現象／減少　②解放／開放　③衛星／衛生
例題2 ①かわせ　②ふほう　③こはるびより

ニュース
KKG
今日《きょう》の日経平均株価《にっけいへいきんかぶか》は
NEWS
日経平均　1000円以上値下がり

02

ドライブ中は「おはなし朗読」をお供に

聞く力　話す力　読む力　書く力

取り組みやすさ
★★★

おすすめ学年
未就学児～小学校中学年

塾で子どもたちと話をしていると、昔話や童話を知っている人が思いのほか少ないと感じることがあります。刺激的で面白い本やワクワクするようなアニメがたくさんある今、昔話や童話にはなかなか興味を持てないのかもしれません。

ただ、昔話や童話は「国語」というものを知るうえで大切な役割を持っています。ぜひ、子どもたちにも知ってもらいましょう。

昔話や童話のよさとは？

昔話や童話には、どんな魅力があるのでしょうか。また、そのおはなしを知ることにどんな学習効果があるのでしょうか。

ポイントとしては、以下のようなものが考えられます。

・1つひとつのおはなしが短く読みやすい
・登場人物（動物）のキャラがはっきりしているため、人物像をつかみやすい
・言い回しや効果音などが特徴的
・話の起承転結（組み立て）がわかりやすい
・教訓（人として大事にしたいこと）が描かれる
・おはなし自体をたとえとして使うことがあり、それを理解できる

このうち、いくつかの特徴についてもう少し掘り下げてみます。

「言い回し」や「起承転結」が学べる

国語という教科において、身につけるのが難しいのが**「言い回し」**や**「起承転結」**です。

「どんぶらこ」という擬音によって、重たいものが川を流れてくるときの音を知り、「それでもかぶはぬけません」によって、七音五音の心地よいリズムを知ります。「鶴の恩返し」や「三匹の子豚」では、盛り上げてから最後のオチをどうつけるか、というパターンの存在を発見します。

さらに、おはなしの中に出てくる外国の地名や料理、伝統的な住まいや使われている道具などには、**毎日の生活の中では触れること、見ることがないものが多く含まれているので、言葉の世界が大きく広がります**。

昔話で出てくる「囲炉裏《いろり》」や、童話に出てくる「ハープ」など、日常ではなかなか出合うことのない言葉ですよね。

また、ディズニー作品を中心として、リメイクされている童話もあります。最近だと、ディズニー作品としては知っているけれど元ネタは知らない、という人も多いのではないでしょうか。

童話を一緒に読んだり見たり聴いたりしていると、「あれ？　こんなラストだったっけ？」というものに出合うこともあるでしょう。

例えば、「白雪姫」のラストは「王子様のキスによって目覚める」という終わり方が定番のようですが、原作グリム童話では「王子様の家来が白雪姫の棺《ひつぎ》を運んでいるときに落としてしまい、つかえていた毒リンゴが取れて生き返る」という終わり方となっています。

どっちが好みか、とか、どうしてこういうラストにしたのかな、などと子どもと会話することで、物語の展開について考えるよい機会になります。

「教訓」を学び、価値観を知る

何が正しいとされていて、何が間違っていると考えられているか。嘘をついたらなぜいけないか、正直者であるとどうしてよいのか。欲にまみれるとどうなるのか——。

童話や昔話では、長い歴史のなかで人間が次の世代に伝えてきた価値観が、わかりやすいストーリーと共に語られます。

〝わかりやすい〟ということは、〝理解しやすい〟ということでもありますね。

また、日常会話において、おはなし自体をたとえとして使うこともあります。「オオカミ少年」や「シンデレラストーリー」という言葉があったり、自分を見失っている権力者を「裸の王様」とたとえたりします。

古くから親しまれてきたということは、それだけ多くの人を楽しませ、受け入れられてきた「定番」のお話であるということの証《あかし》です。

「苦しんでも最後に正義は勝つ」や「友情や愛で困難を乗り越える」といった**定番の展開を知ることは、入試でも物語文や小説を読解するときの助けになります。**

また、幼少期からこういった価値観に触れていくことで、自らの考え方のベースが作られます。「自分よりも他人が持っているものが優れて見えたときにどんな行動をとるべきか」など、**何かの判断をするときのひとつの基準を、ゆっくりと育むことができる**のです。

ドライブ中に「おはなし朗読」を聞いてみよう

読むこと、知ることに十分な意義がある昔話や童話ですが、時代の流れなのか、おはなしを読む機会や触れる時間が以前と比べて減少していると感じます。

でも、そんな昔話や童話に自然と触れて、面白さを再発見できる方法があります。

おすすめしたいのが、**ドライブ中（電車移動中）におはなし朗読の音声を聴くこと**

です。
おはなしCDでももちろん問題ありませんが、音楽アプリの中にも童話や昔話があるので、音楽を聴くために契約している方はこちらを使えば追加の料金負担がありません。「おとえほん」や「ゆめある」で検索してみると、無料で聴けるものもたくさんヒットします。

いろいろ試した結果、我が家の子どもたちの圧倒的なお気に入りは、キングレコードから配信されている「世界の名作童話　音楽とナレーションで楽しむ物語」(第1集～第6集）です。BGMも臨場感があり、「語り」も抑揚があって引き込まれます。

ひとつだけでもいいので、入手したおはなしをドライブ中に聴いてみてください。車の中では読書や映像だと酔ってしまうという人も、音声なら大丈夫です。長距離ドライブで話題が枯れてきたときなどにもいいですね。
おすすめの聴き方としては、

・おはなしの続きを考える

「このあと、どうなるんだろうね」

「『幸せに暮らしました』ってどういうことだろうね」

・それぞれの作品の面白さを点数化して感想を言い合う

「さぁ、今のおはなしは何点でしょう？」

「好きなキャラは？」

「楽しめたのはどこ？」

特に点数化はゲーム性もありますし、おはなしを一度自分の中に取り込んで、その理由を話すことになるので、**論理性を身につける練習**にもなります。

おはなし朗読をドライブ中に聞いて、言葉と物語の世界を広げていきましょう。

こんな問題に強くなる

▼小説における人物像を考える問題

例題1 ピーターは、周りの人たちが遊んでいても、一人で黙々と掃除をしていた。

――線部から読みとれるピーターの性格について答えなさい。

ア すぐに流されてしまう性格
イ 周りのことを気にしない性格
ウ 責任感があって真面目な性格
エ だれよりも孤独を愛する性格

▼適切な擬音語を入れる問題

例題2 次の（　　）にあてはまる言葉をア〜エから選びなさい。

①（　　）と人々が噂する

②試合に負けて（　　　　　　　　）と帰る
③（　　　　　）と伸びた手足
④（　　　　　）と歯を食いしばった

ア　すごすご　イ　すらり　ウ　ぎりぎり　エ　がやがや

答え…**例題1** ウ（※文章の内容によってはイになる可能性もある）　**例題2** ①エ②ア③イ④ウ

03

ゲームで遊びながら国語力を身につける

聞く力
話す力
読む力
書く力

取り組みやすさ
★★★

おすすめ学年
未就学児～小学校高学年

画面で遊ぶゲームの中にも言葉の力が必要なものはたくさんありますが、ここで紹介するのはアナログのゲームです。

アナログゲームのよいところは、大人数でワイワイやることができて、たくさん言葉が飛び交うところ。堅苦しい「勉強」と捉えず、楽しく遊んでいるうちに、国語力をアップさせてしまいましょう。

しりとりで「拡散的思考力」を鍛えよう

まずひとつ目は、**しりとり**です。

しりとりは準備も何も要らず、今すぐ始めることができます。

使える言葉を増やすという意味では、しりとり遊びは効果ありです。

また、しりとりは幼稚園や保育園の送り迎えのときなどにもできるので、未就学児にもおすすめです。

ドライブ中に会話が減ってきたときなどにやるのもいいですね。

古典的で王道ですが、ここでは「応用しりとり」も含めてご紹介します。

しりとりは、言葉をたくさん知っていることに加え、条件に合う言葉を思い浮かべる力が必要です。「〝あ〟で始まる言葉は……」と考えることで、ひとつの条件から複数の候補を思いつくことにつながります。

「拡散的思考力」と呼ばれるこの力は、しりとりで鍛えることが可能です。

言葉を知らなければ、しりとりはできません。

最初は普通のしりとりから始めてかまいませんが、何も考えずにスタートすると「りんご→ゴリラ→ラッパ」から始まり、いつもお決まりの言葉パターンになってしまいます。

そこで、保護者が入るときは、次のことを意識してみてください。

・パターンから抜け出す（保護者のターンのときにいつもと違う言葉を使う）
・ひとつの文字を狙《ねら》い撃《う》ちする
・子どもが知らなそうな言葉を小出しにする

などです。

「ひとつの文字を狙い撃ちする」は、例えば「アイス」「いす」「すす」といった具合に同じ言葉で終わる単語で返す、ということです。

次第に苦しくなってくるので、子どもも言葉を考えて探すようになります。

「す」や「し」「か」などは言葉の数も多いので、長続きします。逆に「らりるれろ」

で始まる言葉は少ないので、難易度を上げるためには「ら行」を狙うのもいいですね。

国名などのなじみがない言葉を使うと、「それなぁに？」と聞かれます。**何度も使っているうちに子どもが真似するようになって、語彙が増えることも期待できます。**

応用しりとりで難易度アップ

しりとり応用編としては、**縛り（限定ルール）を作る**という方法があります。「五文字縛り」や「国名縛り」などでやっていくと一気に難しくなります。

ほかには、しりとりならぬ「なかとり」というものもあります。真ん中の文字をとって、次の人がその文字から始める言葉を考える、というルールです。

真ん中をとるので必然的に奇数の言葉（3・5・7など）を言わなくてはならず、難易度は高めです。

最後に「ん」がついても構いませんが、真ん中が「ん」になってはいけません。例えば、つ**く**え→ク**イ**ズ→インフ**ル**エンザ→るすば**ん**でんわ（負け）といった具合です。

なかとり、結構盛り上がります。

「しりとりなんて……」と思った方もいらっしゃるかもしれませんが、以前私が模擬試験の引率をしている際に、小6中学受験クラスの生徒たちが電車内でやっていたしりとりが高度かつ高速で、感心したのを覚えています。

やっていたのは「しりたししりとり」です。

これは短期決戦になるのですが、スタートを一文字にして、そこから一文字ずつ足していくしりとりです。

例えば、①輪（わ）→②ワニ→③荷物→④つくだ煮……と続いていきます。

ちなみに、このときの生徒たちは、その後医者・弁護士・会計士・外資系コンサルタントの道へと進んでいます。

「言葉で遊べる強み」を持っていた子は、資格試験や就職活動などでも能力を発揮しやすいのかな、と10年越しで思わされました。

中学入試問題では、頭文字に続く語彙を答えたり、熟語しりとりがよく出題されます。難易度が高い問題ですが、語彙力と漢字力に加え、拡散的思考力を試すとてもよい問題です。

日頃からしりとりによって拡散的思考力を鍛えておけば、こういった問題への対応力もついていきます。

国語力を上げるボードゲーム

ボードゲームとは、テーブル上で遊ぶアナログゲームのことを指します。すごろくや人生ゲームなどが有名ですが、海外のゲームも含めて、大人から子どもまで楽しめるさまざまな内容のものがあります。

ボードゲームを学習の一環に取り入れている樂志館《がくしかん》(合同会社ディープグラウンド)の末廣泰翔《すえひろたいしょう》先生と、国語とボードゲームの関わりについて話をしたことがあります。

末廣先生は、「ボードゲームによって、説明を整理しながら聞く力、ルールを読む力、

▲ドリームオン！（左）とウォッチャ（右）

仕組みを理解して分析し、勝つためのストーリーを思考していく力が身につきます。これって、すべて国語において大切な力ですよね」と話されていました。

また、国語力を高める具体的なゲームもご紹介いただきました。

1 ドリームオン！（DREAM ON!）

絵から想像力を働かせて、全員で協力してお話を作り、その後記憶によってそれを再現するゲーム。ストーリーや文脈を組み立てていく力、気持ちや展開を考える力が身につきます。

2 ウォッチャ（WOCHA）

絵に対してどの言葉を充《あ》てるかによって、しりとりを成立させていくゲーム。例えば、マトリョーシカの絵を見て「人形」「姉妹」「大は小をかねる」など、言葉を連想して繋いでいきます。絵という具体的なものを抽象的な言葉で置き換えていく、非常に国語的なゲームです。

我が家には「ローリーズストーリーキューブス」というゲームがあります。絵が描いてあるサイコロを転がして、その絵から連想されるストーリーを作り上げたり、交互に物語をつないでいったりする遊びです。これもなかなか盛り上がります。子どもたちの頭の中にあるストーリーを言葉にしていくゲーム。勝敗の決め方は難しいですが、言葉の力を高めていくのにうってつけです。

ほかには、「ボブジテン」というカードゲームも楽しみながら言葉の感覚を身につけられます。

「チョコチップクッキー」などの指定された言葉を、カタカナ語を使用せずに説明

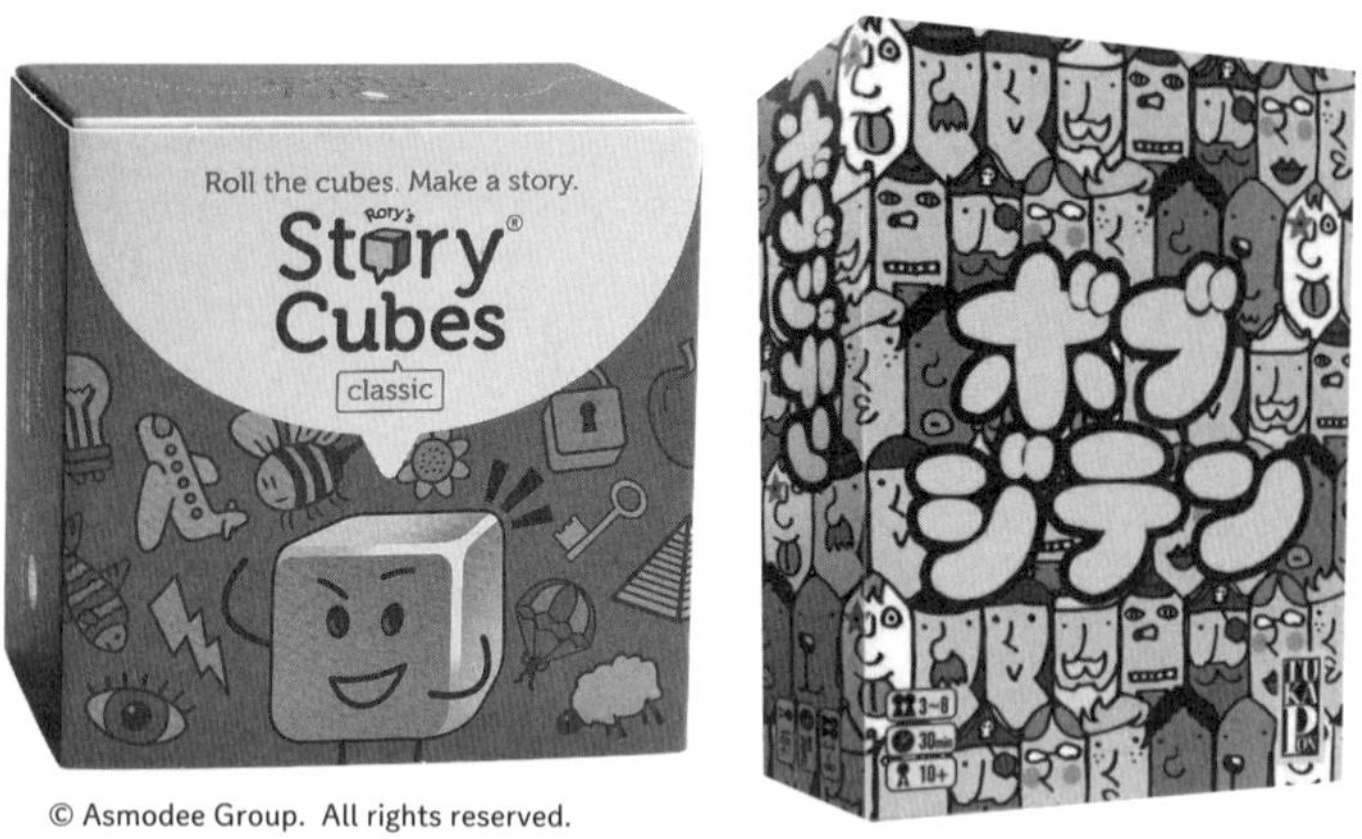

▲ローリーズストーリーキューブス（左）とボブジテン（右）

していくというゲームです。この場合、「茶色くて甘い小さな粒が入った、せんべいのような形の丸くて甘い焼き菓子」などでしょうか。

このゲームの素晴らしいところは、相手に伝わっていないと思ったら、言い換えに次ぐ言い換えを考えなければいけないところです。ほかの物にたとえる力も身につき、コミュニケーション能力が大きく向上します。

いくつかゲームをご紹介しましたが、「やってみたい」と感じるものはあったでしょうか？

これらのゲームは、いずれも、連想したこ

とに言葉を当てはめて、言葉をうまく使いこなしていかなくてはいけないものです。**ゲームを楽しみつつ、ゲームに勝つための思考が言葉の力を鍛えてくれる**ものとなっています。

国語力アップのためのゲーム、ぜひ試してみてください。

▼語彙力を測る穴埋め問題

例題　次の①〜④の意味を表す言葉を、◯の中にひらがな一文字を入れて完成させなさい。

①あ◯◯◯い…見苦しい。みじめで情けない
②た◯◯わ…物事の一番さかんなとき
③お◯◯ろ…静かでゆっくりと物事が進む様子
④つ◯◯み…特に変わったこともなく、平凡な様子

答え…①あさましい②たけなわ③おもむろ④つきなみ

第4章

おうちでできる国語力アップの方法

【低学年〜】

Part 1
宿題を使って

04
学校の宿題は「あえてじっくり」で効果倍増（音読編）

聞く力
話す力
読む力
書く力

取り組みやすさ
★★★★★

おすすめ学年
小学校低学年～高学年

「学校の宿題、やったの？」

多くの家庭で繰り返される言葉です。最近は塾や習いごとに追われ、学校の宿題は後回しになりがち。いざ取り掛かっても、ものの5分で終わってしまったり、宿題自体が減っているという声も聞きます。

でも、学校の宿題や教材は、使い方次第で国語力を大きく伸ばす格好のテキストになり得ます。まずは「音読」の活用法です。

「音読」を侮《あなど》ることなかれ

小学校低学年では、音読の宿題がよく出されます。

学校によっては「音読カード」というものがあり、子どもの音読を保護者が聞いて、◎○△などの評価を記入していきます。

毎日のように宿題として課されると、正直なところ面倒だと感じる保護者もいらっしゃるかと思います（評価の基準も曖昧で大変です）。

ただ読むだけで意味あるのかな、と疑いたくもなるでしょう。

ただ、この音読、甘くみてはいけません。

音読は、文字を読み、声に出して、その音を自分で聞く行為です。インプットとアウトプットを同時にやっていて、脳に対しての刺激がたくさんあります。

脳科学者の川島隆太《かわしまりゅうた》教授は、「音読以上に脳を活性化させる実験結果を見たことがありません」「音読を行うと、脳の神経細胞が一斉に活性化し、脳の血流がどんどん高まって、大脳全体の70パーセント以上が活動しはじめることがわかっています」※と述べています。

この音読練習は、**保護者が聞いてあげることで効果が倍増します**。

言語の学習において不可欠なのが、取り組んでいる事柄に対して、自分とほかの人が同時に注意を払っているということです。

同じ温度感で聞いてあげることで、同じ事柄に対する他者の異なる見方や考え方を知ることができ、文章や言葉に対する興味や関心を深められます。

また、自分1人で読むのではなく、誰かに届けようという気持ちで読むと、相手を意識して、必然的に意味の切れ目や読むスピードなどを調整するようになります。

音読によって自然と体得できる「間」は、会話の中での間の取り方にもつながってくるのです。

学習効果が倍増するポイント

このとき気をつけていただきたいのは、**「ながら聞き」をしないこと**です。

音読をしている5分間だけは、家事やほかのことをやりたい気持ちをぐっと我慢して、一緒に読むくらいの気持ちや態度で聞いてあげましょう。

その5分が大きな効果を生みます。

疑問に思ったことを一緒に考えるのも素敵です。

「どうして大造じいさんは、最後に残雪を撃たなかったんだろうね」

「ごんはどんな思いで栗を届けていたと思う？」

などと声かけをすると、文章の読み込みも深まります。

この際、いわゆる〝答え〟はそれほど重要ではありません。

むしろ、「それは違うんじゃない？」などと言ってしまうと逆効果です。

思っていたことや感じていたことを言語化するのは勇気が要ることです。

信頼している身近な人に否定的な反応をされると、自分の考えや想いを外に出すことに臆病《おくびょう》になってしまい、内側に閉じ込めるようになってしまいます。

「へぇ、なるほどねぇ。そういう考え方をしたんだね」と、寄り添って答えてあげられるとよいですね。

前述の川島教授は、子どもの脳を強く刺激するためには、即時性が重要だとも説明しています。

「すぐに」「その場で」、さらには「ポジティブな声かけで」ほめることが大切です。

1回ごとにテーマを作って

取り組み方のコツは、1回ごとにテーマを作ることです。テーマを決めて取り組むことができると、ほめるポイントも絞りやすくなります。

最初から上手にスラスラと読める子は**「完璧読み」**（一度もつかえずに読むこと）

を目指しましょう。

つかえずに読めたら、今度は少しスピードアップ。さらに感情を込める、場面を意識するなど、難易度を上げていくといいですね。

なかなかうまく読めない子も、焦る必要はありません。

保護者と1文ずつ、もしくは段落ごとに交代して読んだり、登場人物ごとに分担して読んだりすると、一緒に取り組んでいる感じがして子どもも安心します。

毎日のように音読を宿題にする先生もいます。同じ箇所ばかりだと飽きてしまうこともあるでしょう。

その場合、**その日の目標（クリアしたいテーマ）を本人に宣言してもらい、それが達成できたかどうかで言葉をかけてあげる**という方法があります。

「つっかえずに読む」「読み間違いをしない」「聞き取りやすい声で」「感情を込めて」など、本人と一緒にテーマを考えてあげてもいいですね。

音読カードには「声の大きさ」「姿勢正しく」「句読点に気をつけて」などが書かれ

ていることがあると思いますが、すべてを常に意識して取り組む必要はありません。本人や保護者が大事にしたいテーマがあれば、たとえ音読カードに書かれていないことであっても、そちらを優先するのもありです。

焦らず、いっぱいほめる！

音読の宿題のよいところは、上達がわかりやすいところです。**聞いていて成長を実感したらすぐに伝えてあげてください**。読み飛ばしや、読み間違いなどに本人が気づけるようになると最高です。

教科書の内容通りに読めていないときに、「ん？」「あれ？」などと言うだけでも、修正するようになってきます。

ただし、威圧感が出ないようにすることだけは気をつけてくださいね。

文部科学省が定めている学習指導要領には、音読において注意したいことがまとめられています。

「語のまとまりや言葉の響きに気をつける」
「文章全体の構成や大まかな内容を意識する」
「作品の価値や特性を音声で表現した読みができる」

これらを踏まえると、家庭で音読をほめる具体的なポイントは次のような感じでしょうか。

・言葉の区切り方が正確になった
・スムーズに読めた
・感情を込めて読めた
・間を大切にできた
・盛り上がりを意識できた
・作品全体の雰囲気が伝わった

後半は少し難しいですし、これらを意識しながら聞くのは大変です。
でも、焦らず、一歩ずつ。

目の前の子どもが「以前と比べてどうか」というところを物差しにして、声をかけてあげるといいでしょう。周りの子やきょうだい（ましてや保護者の小学校時代）と比べてはいけません。

学年が上がると音読の宿題は減ると思いますので、低学年〜中学年の間の貴重な機会と捉えて、「あえてじっくり」取り組んでみてください。

読解が苦手な子こそ音読を

では、高学年において音読は不要なのでしょうか。

私は決してそうは思いません。

音読は脳を活性化しますので、**学習前のウォーミングアップとしても非常に効果的**です。

実際に私が国語を教えている学習塾でも、小学生の国語の授業では、低学年に限らず小6受験生でも文章を音読するところからスタートしています。

音読によって、子どもたちがスッと文章へ入り込んでいくことができますし、取り組む際の集中力の高まりを常に実感しています。

ただ、さすがに小6受験生となると、教科書の音読では物足りなくなる部分もあるでしょう。その場合は、**受験用テキストの文章を読んだり、入試過去問に取り組む中で「難しかったな」と感じた文章を音読したりするのも、理解を深める方法のひとつ**です。

文章は、黙読をして目で追っているだけだと「読み飛ばし」が起こります。

特に国語の文章読解が苦手な子は、読み飛ばしが多く、意味を取り違えていることがしばしばあります。

落ち着いて音読をすることで、「そういうことか」と気づいてくれることも、よくあることです。

また、読み飛ばし以外にも、文章を行ったりきたりしてしまったり、何度も同じところを読み返したりして、結果的に遠回りをすることがあります。

音読によって文章を一定のスピードで読み進めていく練習を積むことで、順を追って文章を読む癖がつき、徐々にではありますが、**全体を読むスピードの向上**につながります。

低学年に限らず、高学年でも音読は効果的です。

国語の点数が伸びずに悩んでいる方も、ぜひ試してみてください。

おすすめの家庭学習本（音読編）

- **学校の教科書（↑これが一番です）**
- **かしこい脳が育つ1話5分おんどく名作シリーズ（世界文化社）**

※川島隆太「子どもの脳によいこと大全」（プレジデントムック）

こんな問題に強くなる

音読によって文章全体を読む力や集中力、読むスピードが向上するため、長文化が著しい中学入試や高校入試の問題への対応力が身につきます。また、注意力が上がることで読み飛ばしが減り、他教科の文章題などにも効果が期待できます。

▼5000字以上の長文問題

例題1 この文章全体から読み取れることとして、最も適切なものを次から選び、記号で答えなさい。（物語文・小説）

例題2 この文章全体で筆者が言いたいこととして、最も適切なものを次から選び、記号で答えなさい。（説明的文章）

※文章、回答は省略しています。

Part 1
宿題を使って

05 学校の宿題は「あえてじっくり」で効果倍増（漢字ドリル編）

聞く力
話す力
読む力
書く力

取り組みやすさ
★★★★

おすすめ学年
小学校低学年～高学年

「音読」と並んで国語の宿題の定番といえば、漢字の書きとりです。

新出漢字を漢字練習帳に繰り返し書いたり、「漢字スキル」などのドリルに取り組んだりするのが一般的でしょう。学校の教科書に沿って進むため、量は多くありませんが、先生によって重要視する度合いは大きく異なるようです。

漢字は「書いて」覚えよう

漢字の書きとりの宿題は、単純作業になりやすく、また「書くことが面倒」と思う人が多いため、あまり評判のよくない宿題です。

ですが、ここではあえて**「書くこと」**を強調したいと思います。

京都大学の大塚教授・村井教授の研究によると、漢字を手書きによって習得することは、文章を作成する力（書く力）の向上にも大きな影響を及ぼし、漢字の意味を理解する力は文章読解力の向上につながる※1としています。

また、脳研究者の池谷裕二《いけがやゆうじ》教授は、「困難学習」こそ脳に定着する※2と説明しています。学習するときは苦労したほうがよく、**「面倒」をあえてすることで、学習効果を高めることができる**と言います。

であれば、「見る」よりも面倒な「書くこと」に取り組んで、むしろ効率よく漢字を脳に定着させることを狙ってみてはいかがでしょう。

「書く」よりもさらに大切な「意味」

漢字の宿題は、語彙力を高めるための基礎を作る非常に大切な一歩となります。

そこで大事にしてほしいことは、**漢字が持つ「意味」を知ること**です。

「漢字はPCやスマホで変換できるから覚えなくても大丈夫」という意見をときどき聞きます。

でも、漢字は「書くこと」「読むこと」以上に意味を知ることに大きな価値があるのです。

例えば、小学3年生で学習する「英」という字の意味を辞書で引くと、「①花、②美しい・優れている、③名誉、④イギリス　など」と出てきます。

意味をなんとなくでも知っていれば、「英知」という言葉が出てきたときに、「英語を知る」という意味ではないことがわかり、「優れた知恵・優れた知識」であるという推測ができます。

やみくもに新しい言葉を覚えるよりもはるかに効率がよく、漢字の意味がわかれば言葉が圧倒的に覚えやすくなります。

ほかにも、使い分けが難しい「義」と「議」。「義」の意味は「①正しいすじ道、②わけ・意味」、「議」は「①話し合う・相談する、②意見」です。この意味を知っていれば、「意義のあること」や「異議を唱える」で漢字を間違えることもなくなります。

漢字を「書いて」覚えること。
漢字の「意味」を知ること。

最初に漢字を覚えるときの「ひと手間」によって、飛躍的な語彙力アップと、読解力の向上につなげることができるのです。

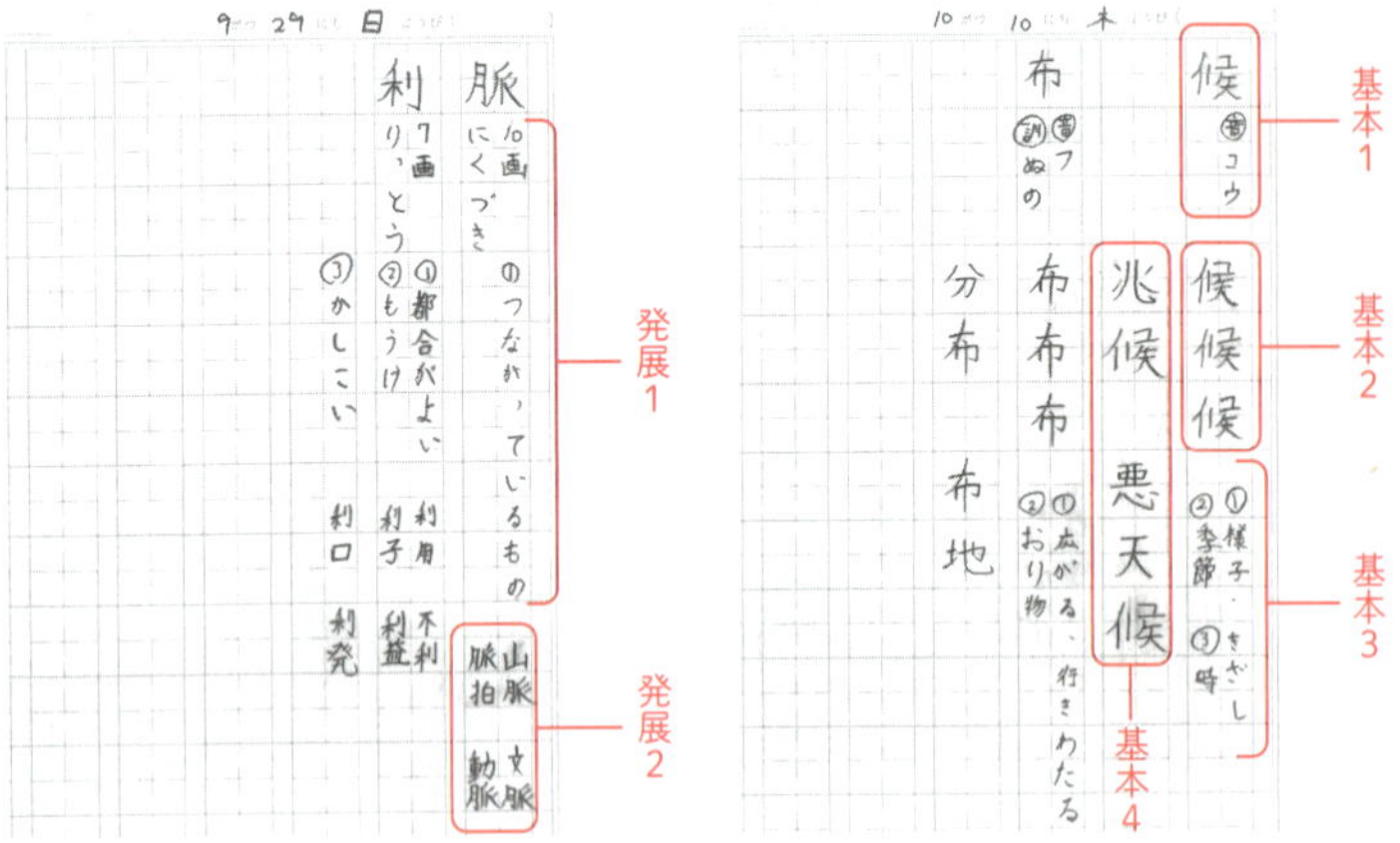

▲漢字練習（右：基本、左：発展）

覚え方のコツは部首を意識すること！

漢字ドリルを使う際は、次のような取り組みをおすすめします。

・基本1　ノートに漢字を1回書いてその下に音読みと訓読みを書く
・基本2　丁寧に繰り返して書いて形を覚える（3回ほど）
・基本3　漢字スキル（ドリル）に書いてある漢字の意味を書き写す
・基本4　漢字スキル（ドリル）に書いてある熟語を2、3個書くかかる時間は、ここまでやっても10分程度。宿題として出された内容よりもやることは少し増えるかもしれませんが、基本1～4をやりきることをまずは大切にしていきましょう。

そのうえで、もっと言葉の力を伸ばしたいと本人が思っている場合は、次の発展編にも取り組んでみてください。

・発展1　部首名と漢字の意味を書き写す
・発展2　漢字スキル（ドリル）に書いてある熟語を2、3個書く
　※ここでは、ただ書き写すのではなく部首の〝意味〟を意識しましょう
・発展3　熟語を親子で一緒に考えてみる

発展編で意識してほしいのは「部首」です。

小学生の頃、部首を覚えることに抵抗があった方もいらっしゃるかもしれません。私も嫌いでした。

でも、部首は「意符《いふ》」と呼ばれ、漢字の「意味」を担《にな》っています。

そのため、部首とその意味を合わせて覚えると、より漢字についての理解を深めることができます。

例えば、「都」「郷」「郡」などの部首は「おおざと」ですが、これは地名や住んでいる場所を表すものです。「社」「礼」「祈」などは「しめすへん」が部首となり、神や宗教にまつわる意味を持っています。

この意味がわかっていれば、形が似ている「ころもへん（衤）」と間違えることも減りそうですね。

学習に使う紙は何でもかまいません。

できるだけ「書く」ことをおすすめしますが、どうしても時間がない場合は、漢字スキルの「漢字の意味」「熟語」「部首」に蛍光ペンをひいて、その箇所を音読するだけでもOKです。

ただ、日々の学習の記録を残していく意味でも、専用のノートを作ると効果的です。

私の学習塾でも、漢字の意味や部首をクローズアップして、練習するような取り組みをしています。

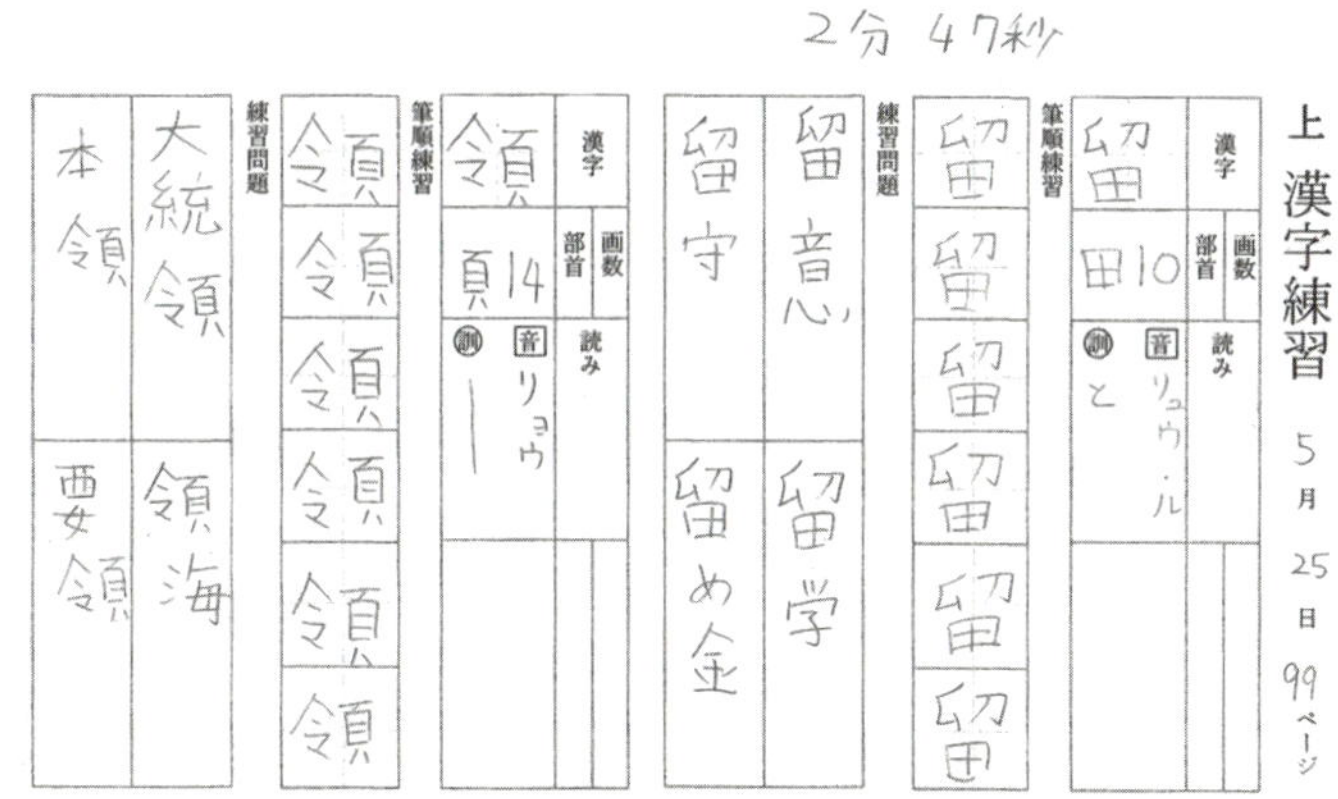

▲四谷大塚『漢字とことば』を使った漢字練習プリント（保護者作）

漢字スキル（ドリル）がない場合は、副教材を使ってもよいです。

四谷大塚予習シリーズの『漢字とことば』は非常によくできている漢字教材です。四谷大塚のホームページから誰でも購入できるので、小学4年生以降は、受験レベルも意識できるこちらに取り組むのもいいかもしれません。

どんな宿題でも ねぎらいは忘れずに

音読と同様、漢字の練習は地道な学習です。でも、保護者が軽く見てしまうと、それは必ず子どもに伝染します。

今日からは、**「漢字の練習も大事。特に意味を大切にして覚えよう」**とぜひお伝えください。

学校の宿題は「やって当たり前」。でも、宿題が好きな子はあまりいません。好きではないことを終えたときは、承認やねぎらいの言葉をかけてあげるとやる気が継続します。

子どもが宿題をやっている時間にコンタクトを取れないのであれば、翌朝の声かけでも、メモを残すだけでも十分です。

宿題内容のチェックまでする必要はありませんが、「今日は早く終わったね」とか「ちょっと時間がかかっていたけど、しっかりできたね」などの声かけをしてあげられるといいですね。

※1大塚貞男・村井俊哉「漢字の手書きは文章力の発達に独自の貢献をする――読み書き発達の二重経路モデルの提唱――」（2023・4）
※2池谷裕二『夢を叶えるために脳はある』（講談社）

こんな問題に強くなる

▼熟語の組み立てを答える問題

例題 次の熟語がア〜エのうちどの構成になるか選びなさい。

① 豊富
② 治水
③ 新旧
④ 快晴

ア 反対や対になる意味の字を組み合わせたもの。
イ 同じような意味の字を組み合わせたもの。
ウ 上の字が下の字の意味を説明（修飾）しているもの。
エ 下の字から上の字へ返って読むと意味がよくわかるもの。

答え…①イ②エ③ア④ウ

06 トイレの壁には「日めくりカレンダー」を

取り組みやすさ
★★★★★

おすすめ学年
小学校低学年～高学年

トイレの壁には何を貼っていますか。カレンダーや絵を飾っている方も多いかと思います。トイレに入ったときにふと気がつくと、壁にかかった絵やカレンダーを隅から隅まで眺めていたりすることもあるのではないでしょうか。

じっと見ていることが多いトイレの壁。この空間を利用して、子どもたちの国語力を高めるための有効な使い方をご紹介します。

「貼りすぎ」には注意

トイレの壁に漢字ポスターやことわざポスターなどを貼って、いろいろな言葉を目にする機会を増やしてみてはいかがでしょうか。

Webで「お風呂/学習/ポスター」などで検索したり、ショッピングモールなどにある大型書店を覗いてみると、1枚によくまとまった学習教材を見つけることができます。

ただし気をつけていただきたいのは、**勉強をしにトイレに入るわけではない**ということです。

「毎日トイレに入ってるんだから、これくらいは覚えてるでしょ?」と言われたら、さすがに子どももげんなりします。

また、情報量が多すぎても頭に入ってきません。

覚えてほしいこと、知ってほしいことがたくさんあるからといって、壁全面をポスターで埋めるのは、かえって逆効果となってしまいます。

子どもがなんとなく眺めていたら言葉を覚えた、というゆるやかさが大事。肩の力を抜いて取り組んでください。目指すのは「ストレスフリーな言葉のトイレ」です。

1日1語ぐらいがちょうどいい

それでは、実際どのようなものを掲示すればよいのでしょうか。

壁に貼るといえば、学習ポスターを思い浮かべる方も多いと思います。お風呂用の学習ポスターを使ってもいいですし、旺文社から出ている『でる順 小学校まるごと 暗記ポスターブック』は素晴らしくよくまとまっていて、中学受験を考えている方向けの学習に必要なことわざ・漢字・四字熟語などが網羅されています。

ただ内容が充実している半面、学習ポスターはちょっと肩が凝ります。

毎日忙しい小学生がトイレに入っても息を抜く暇がないのは、少しやりすぎかもしれません。

そこでおすすめなのが、**日めくりカレンダー**です。

日めくりは、たいてい1枚にひとつの言葉しか書いてありませんので、壁から迫りくるプレッシャーもさほどありません。

「ことわざ日めくり」「四字熟語日めくり」と調べてみてください。

我が家では3日分で1語載っているものを使っています。1日だけだと通り過ぎてしまう言葉も、3日同じものが壁にあると自然と頭に入っていくものです。

ほかには、俳句を扱った日めくりカレンダーなども、言葉と季節の感覚がいつの間にか鍛えられるので大変おすすめです。

特に季節を表す言葉や大和《やまと》言葉などは小学生にとってはあまりなじみのないものですので、日常的に使うトイレで目にすることで、知らず知らずのうちに身につけることも期待できます。

より効果を高めたければ、子どもに日めくりの担当をお願いするとよいでしょう。自分でめくる（破る）ことで一度は必ず見ることになりますし、破ったものは二度と戻らないわけですから、もったいないから見ておくか、という気持ちも芽生えます。

何ごとも、当事者意識をもつことが重要です。

日めくり担当になることで、トイレでの言葉との触れ合いを「自分ごと」にすることができます。

内容を見て「へぇ」と思えばラッキーですし、よくわからないと思っても「見たことある」状態になれば十分です。

あまり多くを望みすぎないこと。

そこは学校や塾ではありません。トイレ、ですから。

ホワイトボードに手書きもアリ

ほかには、**トイレにミニホワイトボードを設置して「今日のことば」を書いていく**のもアリです。

家庭用の壁掛けホワイトボードは1500円程度で購入可能ですし、質にこだわらなければ、100円ショップでも手に入ります。

更新が少し大変ですが、続けられれば未知の言葉に触れるチャンスがグッと増えます。

「お母さん・お父さんの手書き」は、人によっては印字されたどんな文字よりも読む気になるものです。

余裕があれば、クイズなどを作ってみてもよいと思います。

「次の3つのうち、□に当てはまる言葉で正しいものはなーんだ？」など、答えを選んでもらうようなものなら一緒にやっている感じがします。きょうだいがいる場合は、弟や妹にとっても少し背伸びをしながら難しい言葉を知っていくよい機会となりそうです。

ただ、毎日更新するとなると大変です。**元ネタがあって、それを書き写すくらいが長続きのコツ**です。

「10歳までに覚えたいことば」「小学生の語彙1200」などといったタイトルで語彙に関する本はたくさん売っていますので、そこから抜粋していくと保護者の負担も少なくなります。

深く考えずに最初から順番に書き写していくのもいいですし、すでに知っていると思われる言葉や難しすぎる言葉は除外してもいいですね。

ホワイトボードの設置場所はトイレではなく、リビングや食卓から見えるところに掛けておくという手もあります。
トイレの日めくり、食卓近くのホワイトボード、と役割を分けるのもおすすめです。

おすすめの日めくりカレンダー、「今日のことば」のネタ本

- 俳句の日めくりカレンダー　監修／神野紗希（新日本カレンダー）
- 頭がよくなる！　日めくりカレンダー　ことわざ・慣用句（永岡書店）
- 日本語の常識 カレンダー（トライエックス）

こんな問題に強くなる

よくあることわざや慣用句の穴埋め問題、言葉の意味を選ぶ問題のほかに、難関校では俳句の空欄を埋める問題なども出題されます。日頃から俳句に親しんでいることで季節を表す言葉にも敏感になって、解きやすくなるはずです。

▼俳句の空欄を埋める問題

問 次の俳句は新年から春夏秋冬の順でならんでいます。[1]～[6]に入る語として最も適切なものをそれぞれ後のア～シから選び、記号で答えなさい。ただし、同じものは繰り返して使えません。

[1]のすずやかに粥透きとおる　谷本元子

紅白の枝差し交す[2]浄土　野間口一夫

［3］の花長うして雨ふらんとす　正岡子規

［4］のどの花となく雫かな　岩井英雅

葉漏れ日の粒の不揃い［5］園　片山由美子

白［6］のひかりの棒をいま刻む

ア　あじさい　イ　梅　ウ　さくら　エ　山茶花　オ　歯朶　カ　すずしろ

キ　椿　ク　葱　ケ　向日葵　コ　藤　サ　葡萄　シ　紅葉

（灘中学校　２０２４年）

答え…1:カ　2:イ　3:コ　4:ケ　5:サ　6:ク

07
本棚はリビングの目立つところに置く

取り組みやすさ
★★★★

おすすめ学年
小学校低学年～高学年

新しい言葉に触れ、言葉から世界を想像し、読んだ内容を言葉で理解する。

本の中には、場所や時間も超えて、無数の世界が存在します。知る喜びを、広がる楽しみを、そして見知らぬ他者と出会う経験を読書は与えてくれます。

読書の習慣を身につけるなら、環境づくりから。まずは家の中から始めましょう。ここでは本棚の使い方をご提案します。

本棚の位置は「自宅でいちばん目立つ場所」

ご自宅の本棚はどこにありますか？

子ども部屋でしょうか。廊下でしょうか。


設置場所は、リビングもしくはダイニングがおすすめです。

とくにリビングは国語力を高める家庭環境づくりの最重要拠点です。東大生の83％がリビング学習をしていたというデータ※もあり、子どもが長時間滞在することの多いリビングは、知的活動の基地として最適です。


勉強にしても読書にしても、子ども部屋にこもって取り組むと、誘惑に負けたり、なかなか気乗りしなかったりすることがあります。

その点、リビングやダイニングで行うと、保護者やほかのきょうだいの目があって程よい緊張感があります。保護者としては、子どもがリビングで本を読んでいればどんなペースで何を読んでいるのかなどに気づくこともできます。

読書のあとに、「今日読んでいた本、面白そうだったね」とか、「最近は冒険ものにハマっているの?」など声かけをして、コミュニケーションに発展させられるのもよいところです。

可能であれば「ママもちょっとだけ本読もうかな」などと言いながら、最初の10分ほど隣で一緒に読書ができると、子どもとしても集中力が高めやすいですし、読書への抵抗感が減っていきます。

保護者が読む本を入れておくのも、無言の(知的な)コミュニケーションとなってよいですね。大人が興味を持っている本を知らせる絶好の機会です。

読んでいる姿を見せることができれば一番ですが、保護者も本棚の本に関わっているということが示せれば、それでも十分です。

ただ、リビングに大きな本棚があると圧迫感がありますし、安全面も心配です。**背丈が低めのものを設置する**とよいでしょう。

カラーボックスなら組み立てや設置も簡単ですし、安価なのですぐに導入できておすすめです。回転式の本棚なども、場所を取らないというメリットがあります。

本棚だけでなく、すぐに取れるマガジンラックなども便利です。よく読む本、読みかけの本などをこちらに置くのも手軽でいいですね。我が家では「図書館で借りてきた本は、マガジンラックに入れる」というルールにして自然と目につく回数を増やし、手に取りやすくするように工夫しています。

入れる本は親子で一緒に選ぼう

本棚をリビングに設置したら、入れる本を子どもと一緒に選んでみましょう。リビングの本棚にすべての本を入れる必要はありません。子ども部屋や書斎など、これまであった場所から**入りそうなぶんだけ、入れたいぶんだけ**収めていきます。

家に本があまりない場合も心配はいりません。

並んでいる本が少なかったとしても、そのぶん1冊1冊への思い入れは強くなりますし、スペースを活かして表紙をこちらに向けて置けば存在感も増して、本への興味がかき立てられます。

「これは絶対いる」

「この本はどうしようかなー」

「こっちはもういいや」

など、本を選ぶ過程で今の子どもの好みを知ることができ、**今後の選書の参考になったり、選びながらたくさんのコミュニケーションが発生したり**します。

もちろん、子ども自身が選ぶだけではなく「お母さんはこの本も置いておきたいな。背表紙がかっこいいし」などと言って子どもに読ませたい本をさりげなくねじ込むこともできます。

正直、読むかどうかはわかりません。でも、**「そこにある」ことに意義があります**。

せっかく環境を整えても、なかなか本人が読み始めないこともあると思いますが、その場合も焦る必要はありません。

いろいろと仕掛けをしながら、本そのものや本棚との関わりを増やすことで、じわじわと手に取る可能性は高まっていきます。

今の「一軍」はどんな本？

ゲームのようにして本選びをするのも楽しめます。

例えば、

・一軍（絶対外せない本）は上段
・二軍（ときどき読みたい）は下段の左側
・三軍（ママ／パパのおすすめ本）は下段右側

などと区分けして親子でワイワイと入れてみると、子どもにとって本棚が特別なものになっていきます。

きょうだいがいる場合は、それぞれ場所を決めてみてもよいですね。

1段目はお兄ちゃん、2段目は妹、と分けてみると「自分の場所」という意識ができて〝本棚づくり〟に意欲的になりますし、結果として本を手に取る機会も増えます。

我が家では、上段に学研プラスの「10歳までに読みたい世界名作」シリーズや、角川マンガの「どっちが強い」シリーズ、ドラえもん映画のノベライズ（小説版）、その他これまで読んで面白かったと子どもが言っている本が入っています。

下段には、図鑑や大型の絵本などのうち、お気に入りのものが並びます。

ここで気をつけたいことは、**形にこだわるのは「最初だけでいい」**ということです。

あまりにも入れる場所やルールを厳しく定めてしまうと、面倒になったり、片付けなくなったり、本をいいかげんに扱うようになってしまいます。

それよりも、「本を手に取り、本棚にしまう」という行為を当たり前にしていくことで、本を大切にする気持ちも出てきます。

ちなみに、「本を大切にする」ということは我が家の掟《おきて》。

・本を投げない
・本を踏まない
・本を丁寧に扱う

この3つは繰り返し、口酸っぱく伝えています。

あまりにしつこいので、3兄弟とも大事にしてくれています。

子どもたちの友人が家に遊びにきたときに本を読んでいることがありますが、そのときも「うちのパパ、本の取り扱いにはやたらとうるさいから大事に読んでくれよな」と言っているとか。友人たちの間では、さぞ面倒な親父だと認定されていることでしょう。

でも、そうして少しずつでも本を大切に思う気持ちが子どもたちに芽生えているのは、とても嬉しいことです。

3か月に一度の〝入れ替え戦〟

2〜3か月に一度、現在の本棚ラインナップに少々飽きが出てきたころに、〝入れ替え戦〟をやってみるのも効果的です。

しばらくすると並んでいる順番や場所が乱れてくるので、その辺りをちょっと整えるという機能もあります。

雨の日など外で遊べないときに、「本日は本棚の入れ替え戦を行う！」と宣言して取り組んでみると盛り上がります。

最初は気乗りしない反応が返ってくるかもしれませんが、率先して大人が始めると、本棚に並ぶ本を勝手に決められるのがいやで、子どもたちも意外と張り切って本の取捨選択を始めます。

在庫（ほかの部屋にある本）を持ってきたり、読まなくなった本を片付けたり、今ある本を並び替えたり。

このときに無言で作業的にやるのではなく、子どもの選択に対して「へー、今はこれが好きなんだね」とか「この本、よく読んでるよね」など反応を多めにしながら取り組むことをおすすめします。

一緒になって入れ替えていくことで、その時点で子どもが何に興味があるのか、どの本を大切にしたいと思っているのかがよくわかり、一石二鳥です。

ちなみに我が家の〝入れ替え戦〟に勝ち残り、下段にずっと置かれている殿堂入り絵本は、ジョージ・メンドーサ『どんないえにすみたい？』とポール・フライシュマン『ウェズレーの国』です。

どちらも美しい絵と知的な発見に満ちた素晴らしい絵本です。小学校高学年の長男も小さいころから大好きな本で、今でも弟たちによく読み聞かせをしてくれます。

本棚が言葉との距離を近くする

本を手に取る機会や接触回数を増やすことが、国語力をつけていく第一歩です。

読書習慣は、「言葉との距離感」を変えます。

読書好き＝高い読解力と単純には結びつきませんが、学習塾で国語の授業をしていて、読書量は次の3つと比例することが圧倒的に多いと感じています。

・わからない言葉を予想する力
・文章全体の流れをつかむ力
・（正確に）読むスピード

そして、これらの力は例えば、難易度が高い入試問題と向き合ったときや、自分の意見を言葉で説明しなければならないときなどに絶大な効果を発揮します。

本棚の位置と、その入れ方の工夫で、言葉に触れやすい環境を作りましょう。

※瀧靖之『東大脳の育て方』（主婦の友社）　東大生および東大卒業生50人に対する調査回答より

世界名作100選
ずっとともだちさ
2ねん2くみのぼうけん
しりとりずかん
おはなしばたけ
恐竜
きょうりゅう
ぽこんぽこん
りんご
つくってあそべる!おうちで工作あそび
科学のふしぎ室
思考力とは
ことばとコミュニケーション
チームのマネジメント
組織論
デザインと配色
おやすみまえの10分間

08

書店では親子で2冊買い

取り組みやすさ

★★★★★

おすすめ学年

小学校低学年〜高学年

ネット書店で買うほうが目当ての書籍を買ううえでは楽ですが、書店に行くと書店員さんのおすすめや、今売れている本、興味をそそられる本などに出合うことができます。書店でしか味わうことのできない、本に囲まれるという経験は、子どもたちの本への興味をかき立てるうえでもプラスに働きます。

ぜひ、子どもと一緒に書店へ行きましょう。

子どもが選んだ1冊＋親がすすめる1冊を

今回おすすめするのは書店での「2冊買い」です。

親子で書店に行ったら、**まずは子どもが好きな本、読みたい本**を一生懸命探してもらいましょう。このときは小説に限らず、科学の本、図鑑、スポーツや趣味の本、学習系マンガなど、〝本人が読みたいと思った本〟を優先しましょう。「ありのままの選択」を尊重し、「選んだ本を大切に読む」という条件で1冊購入します。

子ども自身が本を決めたら、**次は保護者が読ませたい、読んでほしい本**をセレクトして、これも一緒に購入します。

このときは、子どもの意見を聞かずに決めてしまってもかまいません。

子どもの意見を聞くと「あれはやだ、これもやだ」となりがちです。いくつか選択肢を出して、そのうちのひとつを選んでもらうという方法であれば、子どもの意思も尊重してあげられるのでよいと思います。

ただ、そうは言っても選書するのは大変です。
そんなときは次のような方法がヒントになります。

・年齢別　本のおすすめサイト
・背表紙に「〇年生が読む～」などと書かれているものを選ぶ
・児童書コーナーのＰＯＰを参考にする
・フェアやランキングの棚を見る

（もし可能なら書店員さんに聞く、というのもとてもいいです。児童書が充実している街の書店や、各フロアに専門のスタッフがいる店ならちょうどいい本をおすすめしてくれます）

その時点での我が子に読んでほしい、かつ比較的読みやすそうなものを贈ってください。その日子どもが選んだ本のジャンルに寄せていくという方法もあります。
子どもは自身が選んで買った本を優先的に読みますが、保護者の想いがこもった1冊が本棚に増えることは、それだけでも価値があることです。

「自分で選んだ本ぐらい読みなさい」は禁句

さて、購入後、家に帰ってから気をつけていただきたいことがあります。

子ども自身がセレクトした本をなかなか読まなかったとしても、「自分で選んだ本ぐらい読みなさい！」とは決して言わないことです。

もちろん読んでくれたほうが嬉しいですし、読むべきだとも思います。

でも、ここは「本を選ぶ経験」、そして「自分が選んだ本が家に1冊増えたこと」を貴重な財産だと思ってください。

本人が一向に手に取らない場合、手が空いたときに保護者が無言で手に取って読んでみてもよいですね。

自分が選んだ本を保護者が読んでいるということは、本人への承認でもあります。

自分の本が読まれていることで再度その本に興味を向けるきっかけになります。

このときも、「お母さん、この本読んでみたんだけど面白いね」と押し付けがましいことを言わないこと。その言葉は、いつの日か子どもが読み進めたとき、満を持して言えるように胸の内にしまっておきましょう。

無言で読み、スッと戻す。もしくはさりげなく手に取り、机の上に置きっぱなしにしておく、ということを2回ほどやれば十分です。

本屋さんに行くことを毎月（隔月）の恒例行事に

この「子どもと一緒に書店に行く」というイベントをなるべく恒例行事にします。毎月一度は書店で一緒に本を探しに行く日をつくるとよいでしょう。2か月に一度でもかまいません。

書店を訪れる際は本選びを急かすことのないように、なるべく時間に余裕を持って行けるとよいですね。

書店での滞在時間が延びれば延びるほど、たくさんの本を手に取るようになります。私は、子どもたちから「まだ帰らないのー?」と言われても「パパはもう少し探したいものがあるから、もうしばらくいろんな本を見てて」などと言って、戦略的に長く居るという手をよく使います。すると、いつの間にかまた本を物色し始める姿がよく見られます。

定期的に書店を訪れることで、「次があること」が約束されます。「シリーズもの」にも挑戦しやすくなりますね。「今度はこれ買おう」と思って書店をあとにすることは、子どもにとって読書の世界を広げるきっかけとなります。

「読みたいと思える本」を増やしていくことが、読書家への近道です。書店に通う回数が多くなれば、どんどん本を選ぶ力も高まっていくことでしょう。

余談ですが、毎月買うとなると費用面がちょっと気になります。我が家では本は高級品(贅沢品?)扱いなので、節目でときどき発生するおじいちゃんやおばあちゃんからの「お祝いは何がいい？」という厚意に対して、私は「図書カード」と即答するようにしています。

子どもたちも図書カードを貰うと、嬉々として書店に向かうようになりました。

すぐ飽きてしまうおもちゃが増えるより、ずっといいですよね？

おすすめの本紹介サービス

●家庭学習研究社サイト内「読書案内」ページ

広島の学習塾が運営するサイトです。学年別で豊富な作品が紹介されています。毎月更新されるのも嬉しいポイントです。

●ヨンデミー

子どもの好みに合った本を、本の専門家である司書の知識を結集したＡＩがすすめてくれるオンライン読書教育サービス（有料）です。

このヨンデミーは、子どもの〝読書レベル〟を重視しています。難しすぎても読めない。簡単すぎてもつまらない。そのことを十分に理解していて、1人ひとりの子どもに合う絶妙なレベルの本をすすめてくれます。

1回の選書ですすめてくれるのは、5冊〜20冊。読んだ本の簡単な感想と評価を送ることで、さらに好みを絞り込んだ形でおすすめが送られてくるというシステムになっています（感想は書かずに、評価だけでもOK）。

我が家でも利用していて、長男も私自身もヨンデミーの大ファンです。〝発掘〟の機会が多くて、読書の幅がどんどん広がっていきます。

ヨンデミーにご興味を持たれた方は、代表の笹沼颯《ささぬまそう》太《た》さんの著書『ハマるおうち読書』（ディスカヴァー・トゥエンティワン）をぜひご一読ください。子どもたちを読書家にするための具体的な方法が、大変わかりやすくまとまっています。

小学生におすすめの本12選 1
低学年編

01

『たんけんクラブ
シークレット・スリー』
ミルドレッド・マイリック〔文〕アーノルド・ローベル〔絵〕小宮 由〔訳〕
大日本図書

暗号のやりとりをするなかで深まる3人の男の子のワクワクする友情物語

02

『ふしぎなエレベーター』
わたりむつこ〔作〕
佐々木マキ〔絵〕
フレーベル館

エレベーターに乗った先にはロボットの国が。ふしぎな世界を見ることになる物語

※図書館等で取り扱い

03

『AIロボット、
ひと月貸します！』
木内南緒〔作〕
丸山ゆき〔絵〕
岩崎書店

主人公にそっくりなAIロボットが家にやってきて、心を通じ合わせていく物語

04

『へろりのだいふく』
たかどのほうこ〔作〕
たかべせいいち〔絵〕
佼成出版社

ヤギマロ先生が紙を食べすぎてお腹が痛くなる様子が、お腹を抱えるくらい笑える表現で描かれた話

05

『魔女のシュークリーム』
岡田淳
BL出版

シュークリームを食べて命を解放する、シュークリーム・ファンタジー

06

『なんでもただ会社』
ニコラ・ド・イルシング〔作〕
三原紫野〔絵〕
末松 氷海子〔訳〕
日本標準

いたずら電話が、ほしいものを言えばなんでももらえる会社につながる物語

07

『これがおばけやさんのしごとです』
（シリーズ全７巻）
おかべりか
偕成社

おばけがいろいろな手伝いを引き受けてくれる物語

08

『となりはリュウくん』
松井ラフ〔作〕
佐藤 真紀子〔絵〕
PHP研究所

いやなことばかりしてくる転校生の、おいもほりのときに見せた意外な一面にワクワクする物語

※電子書籍または図書館等で取り扱い

09

『なんでももってる（？）男の子』
イアン・ホワイブラウ〔作〕
すぎはらともこ〔絵〕
石垣賀子〔訳〕
徳間書店

なんでも手に入るけど、友達がいない男の子の物語

10

『ドラゴンのなみだ』
佐々木ひとみ〔作〕
吉田 尚令〔絵〕
Gakken

ドラゴンのような友達に出会い、村のお祭りを協力して成功に導く物語

11

『赤いカブトムシ』
那須正幹〔作〕
見山 博〔絵〕
日本標準

「ズッコケ三人組」の作者による名作中の名作。赤いカブトムシを見つけたことによる葛藤の物語

12

『ぺちゃんこスタンレー』
ジェフ・ブラウン〔作〕
トミー・ウンゲラー〔絵〕
さくまゆみこ〔訳〕
あすなろ書房

目が覚めたら３ｃｍのぺちゃんこの体になっていたスタンレーが活躍する物語

09

図書館では親子で貸し出し冊数限度まで

取り組みやすさ
★★★★

おすすめ学年
小学校低学年～高学年

無料で本に囲まれていられる場所、それが図書館です。時間を見つけて、子どもと一緒に積極的に図書館に行きましょう。

「紙の本を、表紙や背表紙で、一度にたくさん選ぶ」という経験は、本との出合い方のひとつです。本棚に手を伸ばし、その場でめくる。どの本を手に取るか、どの本を棚に戻すか、そしてどんな本を借りるか。そのすべては、子どもと本とのコミュニケーションです。

図書館で生まれるコミュニケーションを楽しんで

図書館で素晴らしい出合いがあるかどうかは運の要素もありますが、子どもとの本を通じたコミュニケーションを大事にしていくことで、本との関わり方に変化が出てきます。

次第に図書館で〝よく見る棚〟が決まってきたり、作者に注目するようになったりと、**一歩踏み込んだ本選びができるようになっていく**のです。

保護者は、隣で覗き込んだり声をかけたりしながら、図書館にいる時間を共に過ごしてほしいと思います。

特に低学年のうちは、「好きな本選んでおいでー」と言って離れたところで休憩しているよりも、一緒になって探してあげましょう。

子どもの興味や変化に気づくことができるので、その後の会話も弾みます。

「今日は、〇〇シリーズをよく手に取っていたけど、気になってるの？」

「さっき立ち読みしていた本、前にも借りた本だね。気に入ってるの？」

などと、本についての会話を膨らませることにつながります。

子どもがどれほど「欲しい」と言っても本を大量に買い与えることはなかなかできませんが、図書館ならたくさん借りられます。

公共の設備、どんどん利用していきましょう。

また、書店には基本的に〝新しい本〟と〝売れる本〟が並びますが、図書館では古い本や絶版になって購入できない本なども置かれています。**時代や流行を超えた本選びをすることも可能**ですね。

借りるなら思いきって「貸し出し冊数限度まで」

では、図書館での「借り方」についてご提案します。

まず、最寄りの図書館に行き、本人と保護者の分の図書館カードを作ります。

自治体にもよりますが、1人につき5冊ほど貸し出し可能になるはずですので、合わせると1回で10冊まで借りられるようになります。

書店で1冊の本を選び抜くことも尊く大切ですが、**ここでは「とにかくたくさんの本を手にすること」を大きな目的とします**。

本を選ぶときに〝厳選する〟のではなく、「ちょっとでも気になったら借りる」という考え方を子どもにしてもらえるように、ここでは家族分の図書館カードを持っていき、貸し出し可能な冊数に余裕を持てるようにするとよいでしょう。

子どもが本を手に取ったら、「おっ、面白そうだね。借りてみる?」「きれいな表紙だね。中身も気になるね」などとひと言かけてあげると、借りるハードルがさらに下がります。

我が家は5人家族で、神奈川県逗子《ずし》市の1人あたりの貸し出し冊数限度は6冊ですので、毎回30冊近く借りて帰ることになります。

頑丈で大きなトートバッグがパンパンになり、もちろんすごく重いのですが、心地よい重さです。

本書の影響で日本中の図書館から本が消えると困るのですが、そんなことはないはずですので、皆さんどんどん借りていってください。

子どもが気に入った本を見つけることができたら、それに似たテーマの本、同じ作者の本、シリーズものを一緒にドカっと借りてしまいましょう。

その中には本人にとっての「ハズレ」も多くあるはずです。一方で「一応、借りてみた」の中にスマッシュヒットが隠れていることもよくあります。

子どもの興味はどこにあるかわかりません。

特に、本の好みはわかりにくいものです。私も自信を持ってすすめた本が子どもに全然響かないということはたびたびあります。

だから、**図書館で本を借りる際の基本的な考え方は、「数撃《かずう》ちゃ当たる」**。

10冊借りたらその中に〝1冊お気に入りがあった〟で、大成功です。

それほど子どもにとって「これだ」と思える1冊を発掘するのは難しいものです。
でも、この1冊を発掘することに非常に大きな価値があります。

お気に入りに出合えたら「なぜ」を言葉にしてもらおう

お気に入りの1冊を見つけると、本の世界が急速に広がります。
借りてきた本のランキングをつけてみるのも面白いですね。「今回、借りてきた本を面白かった順に並べてみよう！」という感じで。

特に気に入った本については、「なぜ気に入ったのか」を、あるいはあまり気が進まなかった本は「なぜお気に召さなかったのか」を、保護者からの声かけでぜひ言葉にしてもらってください。

「こちら、第1位に選んだ理由について教えてください！　また、最下位になった理由はなんでしょう？」

「お気に入りの場面は？（もしくは、なんかよくなかったと感じたところは？）」

「どんなお話だったの？」

「一番、気になったキャラクターはだれ？」

など、**〝部分〟と〝全体〟を分けて**聞いてみます。うまく答えられないものは「わかんない」と言うかもしれませんが、話しやすいものを選んで話してくれるようになります。

そして、ここで重要な情報はその本の**「作者」**です。ぜひ、「作者は誰だった？」と聞いてあげてください。

大人にとっては見ればすぐに作者はわかりますし、割と意識もしているのですが、子どもは気にしていないことがあります。

子ども自身が本の表紙を見ながら作者名を言葉にすることで、次に選ぶときの材料として意識できるようになります。

最初のうちは選ぶことへのフォローを

〝選ぶこと〟は、実は勇気が必要なことでもあります。**〝保護者と一緒に図書館に行く〟という共同作業で、ぜひ安心を与えてあげてください**。

段々と慣れてきて、自分でもたくさん本が選べるようになってきてから、1人で行けるようになるといいですね。

もちろん、図書館の本はみんなのものです。**返却期限は守ること**。その本を待っている人がいるかもしれません。最近はインターネットで貸し出し延長もできますが、なるべく期限内に返却しましょう。

そして、もし「この本、すごく気に入ったから欲しい」と子どもが言ったら、ぜひ買ってあげてください。

たくさんの本の中から選び出した、本人にとって特別な1冊となるはずです。

「すごく気に入ったのがあったら教えてね。何度でも読めるように買ってあげるよ」

と声をかけてあげられるとよいですね。

頻繁に買うことはできなくても、数十冊に1冊出てきた「特別なお気に入り」は、家の本棚に入れてぜひ愛着を深めてほしいものです。


付け加えると、**未就学児〜低学年におすすめなのが「紙しばい」**です。

図書館は紙しばいも充実しています。話の展開も結構練ってありますし、何より変化に富んで面白い。

本人に紙しばいを読んでもらって親やきょうだいが聞くというパターンも、「ちゃんと読もう」という意識が生まれるのでおすすめです。

（上級編）お気に入りの本を持って司書を訪ねよう

続いてちょっと上級編です。

今度は、発掘したお気に入りの1冊を持って、図書館を再度訪れます。

そして、**図書館司書さん（図書館の係の人なら誰でも大丈夫）**に、**「この本のこう**

いうところが気に入ったので、似た感じの本を教えてください」と聞いてみましょう。

司書さんに聞けばおすすめの本を教えてくれますし、児童書に詳しい人につないでくれて、一緒に選んでくれることもあります。

私が行く図書館でも、いつも嫌な顔せずに、丁寧に案内してくださいます。

ただ、このとき「図書館に1人で行って、聞いてらっしゃい」では、なかなかハードルが高い要求です。

最初のうちは司書さんに声をかけることは緊張しますし、どれだけ借りていいのかもわからず不安です。たくさんおすすめしてもらっても、結局1、2冊しか借りないということもあります。

子どもは意外と遠慮してしまうものです。

だから、最初のうちは保護者が同行して「焦らずに選んでいいよ」「おすすめしてもらった本、全部借りちゃおうか?」などの声かけが必要です。少しずつ、選ぶことや借りることに対しての不安がなくなっていきます。

小学生におすすめの本12選 ②
高学年編

01

『しあわせなハリネズミ』
藤野恵美〔作〕
小沢さかえ〔絵〕
講談社

自分に正直なハリネズミがほかの動物の心について考え、知っていく物語

02

『転校生　ポチ崎ポチ夫』
田丸雅智〔著〕
やぶのてんや〔絵〕
小学館

破天荒な転校生が不思議な言動で大活躍するショートショート集

03

『ぼくがぼくであること』
山中恒
岩波書店

主人公の少年と家族を中心に、不思議なことがテンポよくたくさん巻き起こるひと夏の物語

04

『びりっかすの神さま』
岡田淳
偕成社

びりをとった人にしか見えない神様「びりっかす」。小学校の教室で「びり」を巡って考え、行動していく物語

05

『キッドナップ・ツアー』
角田光代
新潮文庫

夏休みにお父さんに誘拐されてしまった小学５年生の少女の物語

06

『宿題引き受け株式会社』
古田足日〔作〕
長野ヒデ子〔絵〕
理論社

宿題を仕事として引き受け代金をもらう会社を設立した小学生の物語

11

『杉森くんを殺すには』
長谷川まりる
くもん出版

衝撃的なタイトルでありながら、その言葉の意味を噛み締めて主人公が死と向き合っていく物語

09

『朔と新』
いとうみく
講談社

失明した兄とブラインドマラソンを走る弟の関係とその変化が描かれた作品

07

『宇宙のみなしご』
森絵都
KADOKAWA／角川文庫

何か面白いことをしたいと考え続ける姉弟が「真夜中の屋根のぼり」を始める。タイトルの意味も考えさせられる作品

12

『君たちは今が世界《すべて》』
朝比奈あすか
KADOKAWA／角川文庫

小学６年生の教室で起きているできごとを４人の小学生の視点からまとめた作品

10

『銃とチョコレート』
乙一
講談社

怪盗ゴディバの秘密に主人公の少年が迫っていく、ミステリーの初級編

08

『ラベンダーとソプラノ』
額賀澪［作］
いつか［絵］
岩崎書店

小学校の強豪合唱クラブに所属する主人公の葛藤と、自由に歌う楽しさが爽やかに描かれた作品

Part 4
自分で調べる

10

あえての「紙の辞書」で語彙を増やす

取り組みやすさ
★★★

おすすめ学年
小学校低学年〜高学年

「わからない言葉があったら辞書を引こう」よく言われることですが、保護者の皆さんは普段辞書を引くこと、ありますか。

大人が面倒だと思うことを、子どもにやってもらうことはなかなか大変です。でも、やっぱり辞書引きはとても大切で、効果的です。ここでは、辞書を身近なものにし、辞書と親しむための方法をご紹介してまいります。

聞く力
話す力
読む力
書く力

電子辞書より紙の辞書

言葉の泉といえば、辞書です。

言葉の意味を調べるためだけでなく、言葉の力をアップするためにどんどん辞書を活用していきましょう。

少し重いですが、**スマホの辞書アプリや電子辞書ではなく、あえて紙の辞書、それも小学生向けの辞書の使用をおすすめします**。

もちろん、電子辞書やインターネット、スマホのほうが検索スピードが早いことは言うまでもありません。

ただ、紙の辞書のほうが一度で得られる情報の量が多く、記憶保持にも有利だというデータ※1もあります。

ひとつの言葉を調べるためにかかる時間を長くすることで、ずっとその言葉について考えることになりますし、言葉にたどり着いたときに、ちょっとした達成感が生まれ、その言葉への印象を強めます。

電子辞書などにはこの過程がなく、一瞬で目的を果たしてしまうため、その言葉への意識がすぐに薄れてしまうおそれがあります。

じっくりと言葉と向き合って言葉を知り、言葉と親しむのが目的です。

家庭での使用であれば持ち運ぶこともスピード感も必要ないので、ぜひ紙の辞書を使っていきましょう。

また、大人向けの辞書では、調べた言葉の説明に書かれている言葉や内容が理解できない、ということもしばしばおきます。

その点、小学生向けの辞書は、掲載されている言葉の種類や説明、例文も「小学生にあったもの」となっています。

子どもが調べるときは、理解しやすく、興味を持ちやすい内容を意識して編集されている小学生向け辞書が最適です。175ページに、おすすめの小学生向け辞書リストを載せておきますので、よろしければ参考にしてください。

「わからない→辞書を引く」を習慣に

実際に辞書引き学習をする学校は増えており、辞書引き学習をした子どもと、そうでない子どもでは国語の読みとりの力に差が出てくるという調査[※2]もあります。

読書中や子ども新聞を読んでいるとき、テレビやラジオで聞いたわからない言葉などにぶつかったときに、積極的に辞書を引いて調べられるような環境づくりと声かけをしていきましょう。

新聞だったら「今日の新聞、どんな記事があった？　聞いたことない言葉とかある？」と聞いてみたり、テレビやラジオだったら「無償化ってわかる？」など、子どもがわからなそうな言葉を投げかけたりしてみます。

時間がかかると思いますが、辞書を引く習慣がない子には、最初のうちは辞書を持ってきて目の前に置いて、調べている間も一緒に横で見てあげるとよいでしょう。

言葉にたどり着いたあとは、**調べた言葉に線を引く、ふせんを貼るなどの印をつけ**

るのが効果的です。

「調べた証《あかし》」が増えていくと達成感がありますし、ほかの言葉を調べているときに前に調べた言葉が目に入って復習にもなりますね。このような足あとは電子辞書ではなかなか残せません。

使いたいと思った瞬間を逃さぬよう、辞書は**リビングやダイニングの机の上など、いつでも目に入り、手に取れる場所に置いておく**ことをおすすめします。

辞書を楽しく引くために

続いて、辞書への抵抗をなくし、楽しく引くための取り組みをご紹介します。

引く言葉を選ぶときは、あえて「知っていると思われる言葉」を選ぶのもアリ。**「知っているつもり」の言葉の知らなかった意味を見つけることも、とても大切な学びとなる**からです。

例えば、「山」や「甘い」などは、調べてみると普段使っているのと違う意味があって発見につながります（気になる方は辞書で引いてみてください）。

ここでは、3つの楽しみ方を紹介します。

1．タイムトライアルゲーム

①紙・ペン・タイマー（スマホ）・新聞（本）・辞書を準備する
②新聞（本）をバッと広げる
③わからない言葉を子どもにいくつか（偶数）挙げてもらって印をつける
④③で挙げた言葉からひとつ選び、「よーいスタート」で辞書を引く
⑤言葉にたどり着くまでの時間を計る
⑥時間を紙に記録する
⑦次は保護者の番。交代して④～⑥を行う。
※ハンデとして保護者は大人向けの辞書を使うのもアリ
⑧何度か繰り返して、合計タイムが短いほうが勝ち

2．逆引きゲーム

①紙とペンと辞書を準備する

②保護者が出題したい言葉を選ぶ（なるべく簡単な言葉から始めましょう）

※選ぶ言葉は、教科書の中に出てきている言葉や、問題集・テキストなどで一度は触れたことがある言葉にする

③言葉の説明だけ読んで、子どもに選んだ言葉を当ててもらう

④ヒントを出したり、時間制限を作ったりする

※ヒントは、頭文字を教える、ひらがなのときの文字数を教える、用例などを見て使い方を教えるなど

例：「意味は『わかりやすい方法や形で表すこと』で、ひらがな3文字。最初は『ぐ』だよ。『―的』で使うことが多いかな」（答：ぐたい《具体》）

⑤正解できたら◯、不正解なら×を書く（時間を記録してもいいですね）

⑥次は保護者の番。子どもの挑戦を受けて立ちましょう

⑦何度か繰り返して、正解数が多いほうが勝ち

3. マンガノート

①マンガを選ぶ
②取り上げたい言葉が載っているページをコピーする
③ノートの右側に張り付ける
④ノートの左側に作成したフォーマットに沿って埋めていく
⑤書けたら、保護者からの感想などコメントを入れる

子どもが好きなマンガを使って語彙力を高めるのが、マンガノートです。

マンガは絵があるので言葉の理解の助けになりますが、セリフの意味は意外とわかっていないこともあります。

言葉の意味がわかれば物語の深みを知ることができて、マンガをもっと深く楽しむこともできますね。

我が家では、長男が低学年だった頃に流行していた『鬼滅の刃』を使いましたが、『ドラえもん』や『キングダム』『僕のヒーローアカデミア』などもよさそうです。

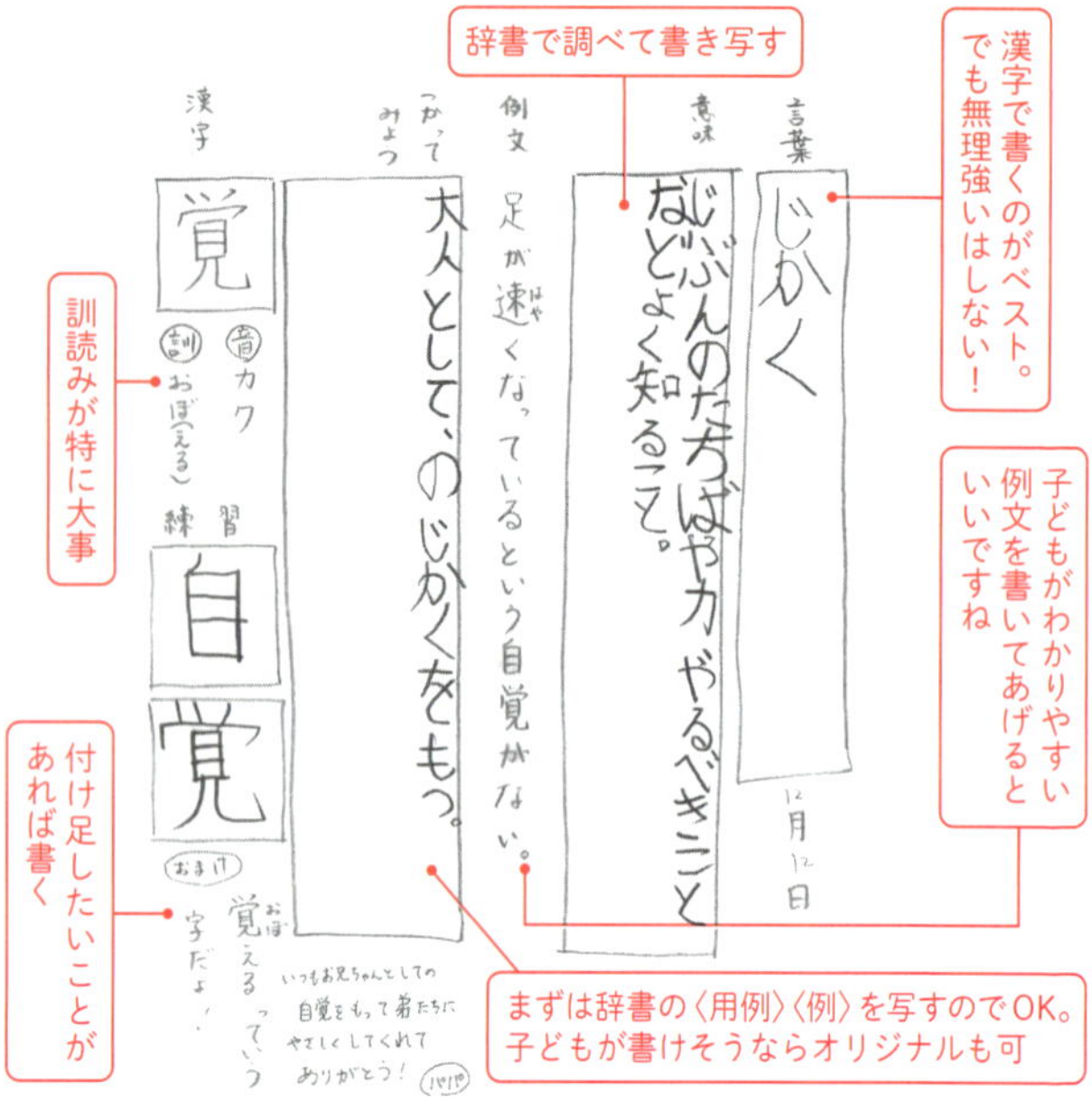

▲マンガノート

説明や会話が多めのマンガで、その学年の小学生にとって少し難しめの言葉が出てくるものをチョイスしましょう。

もちろん、それ以外でも子どもが好きなマンガで、言葉の発見がある作品があればそれがベストです。

ただ、絵がメインになっていて短い単語ばかり並ぶような作品は、この取り組みにはあまり適さないと思います。

長男との普段の会話のなかで、「おっ？」と思うような言葉を使ったときに「難しい言葉、使えるね」と伝えると、「〝自覚〟はこの間、鬼滅ノートで書いたじゃん」という反応が返ってくることもありました。

ただ、この取り組み、すごく効果的ではありますが、ノートの作成が少々面倒ですので、保護者の気合いがちょっと必要です。そこで、本書の特典としてノートに貼って使えるフォーマットをご用意しました。よろしければダウンロードしてお使いください（303ページ）。

私自身が取り組んでいるときは、「今日はマンガのどのページの何の言葉にしようかなー」と選ぶのが楽しい時間でした。保護者側が楽しみを見つけることが継続するコツかもしれません。

我が家では子どもが飽きるまで1年ちょっと続き、ノートも3冊作りました。

※1 Koyama.T & Takeuchi.O（2004）Comparing electronic and printed dictionaries : How the differenceaffeCted EFL learning

※2 深谷圭助『1年生になったら紙の辞書を与えなさい』（大和書房）より
「国語学力調査の基礎力・活用力共に、辞書引き学習を導入していない学級よりも、導入していた学級の方が、平均点で10ポイント以上高く、半年間の読書量も、辞書引き学習実施学級は平均25・3冊、辞書引き学習未実施の学級が平均19・7冊であったという結果」

おすすめの辞書

辞書選びの参考として、比較表を載せました。

ただ、あくまで参考ですし、収録語数は多いほうがいいとも限りません。最も大切なのは、子ども本人が気に入った辞書であること。表紙やキャラクターで選んでもいいのです。とにかく本人が少しでも引く気になる、読む気になるものを選びましょう。いずれも優れた辞書です。

また、それぞれの辞書で用語の説明がどう違うかをまとめました。

本書は、国語についての本なので、「言葉」。感情を表す言葉は理解が難しいこともあるので、「妬《ねた》む」。近年よく使われるようになった言葉として「サステナビリティ」。新しい使われ方をする言葉として、「詰《つ》む」を挙げています。

また、若者言葉として復権を果たしている「エモい」は辞書に載ったのかという興味でこちらも調べてみました。

	発行年月	監修	価格（税込）	収録語数	見やすさ	中本の一言コメント
小学館 例解学習国語辞典	2023年 12月	金田一京介	2,420円	約40,900語	★★★★	バランスがよい。言葉の使い方(用例)が豊富で、写真や図、絵なども適切に挿入されていてわかりやすい
三省堂 例解小学国語辞典	2024年 1月	田辺洵一	2,530円	約36,500語	★★★★★	内容充実。「表現の広場」や「ことばの勉強室」などが随所に入り、読み物としても楽しめる。同内容の辞書webアプリも使える特典付き
学研新レインボー 小学国語辞典	2023年 12月	金田一春彦 金田一秀穂	通常版： 2,420円 ワイド版： 2,750円	約43,300語	★★★★	色使いが豊富。写真よりイラストが多く、全体として統一感がある。新語や新しい使い方に強い。重たいが、ワイド版はさらに見やすい
チャレンジ 小学国語辞典	2019年 12月	桑原隆	通常盤： 2,600円 ワイド版： 2,970円	約35,600語	★★★	用例の一文が長いので、使い方のイメージをしやすい。複数の意味が箇条書きにされているので見やすく、慣用句なども豊富
光村教育図書 小学新国語辞典	2019年 10月	甲斐睦朗	2,000円	約34,000語	★★★	硬派。楽しさはないが余計なものもなく質実剛健。最重要語と重要語に印がついているのがいい

	言葉	妬む	サステナビリティ	詰む	エモい
小学館 例解学習国語辞典	①人が気持ちや考えをつたえるときに出す声で、ある意味を表すもの。また、それを文字に書き表したもの。②語句や文章。③ものの言い方。	人をうらやみにくむ。類：そねむ。	→サステイナブル 続けられること。とくに、自然を破壊せずに開発や発展を続けられること。	①すきまがなくなる。②将棋で、王将の逃げ場がなくなり、負けになる。③行きづまる。	なし
三省堂 例解小学国語辞典	①いくつかの音が集まって、ある意味を表すもの。人の考えや気持ちを、声または文字で表す。言語。②語句。文章。③言葉遣い。言い方。	人のすぐれているところを、うらやんだり、にくらしく思ったりする。そねむ。	→持続可能性 今の環境や社会でも維持でき、現在の人も未来の人も満足できること。サステナビリティ。	①すき間がなくなる。②将棋で、王がにげられなくなる	なし
学研新レインボー 小学国語辞典	①人間が考えていることや気持ちを、声や文字に表したもの。②ものの言い方。言葉づかい。	[人のすぐれているところや幸福などを見て]うらやましくにくらしく思う。類：そねむ。	[社会や企業の環境に対する]持続可能性。環境や社会などが、将来にわたって適切に続いていくことができるしくみ。	①すきまがなくなる。②将棋で、王将がにげられなくなる。③ほかに方法がなくなる。	①しみじみと感動するようす。心動かされるようす。感動。②なつかしさを感じるようす。③もの悲しいようす。もの悲しい。センチメンタル。■参考:ア ややくだけた言い方。イ 英語emo(ロックミュージックの一種、またはemotional<感情的な>)から。
チャレンジ 小学国語辞典	①考えや気持ちを人に伝えるために使う、声や文字に表したもの。言語。また、単語や句。②ものの言い方やことばづかい。③実際に話されたこと。	自分よりすぐれた人や幸せな人をうらやんで、にくらしく思う。	※サステナビリティは項目なし [持続可能性] 環境・経済・社会などが、将来まで持ちこたえられるかどうかということ。	①すきまなくくっついている。②将棋で、王将が追いつめられてにげ場がなくなり、負けになる。	なし
光村教育図書 小学新国語辞典	①人間が、自分の気持ちや考えを相手に伝えるため、音声や文字を使って表すもの。言語。②語句。単語。③言葉づかい。言い方。	うらやましく思うと同時に、にくらしく思う。そねむ。	なし	①ぎっしりといっぱいになる。②将棋で、王将のにげ場がなくなる。	なし

▲辞書比較表（※2024年9月現在の情報です）

▼難しい言葉の意味を選ぶ問題

例題 次の言葉の意味として正しいものをア〜ウの中から選びなさい。

①理不尽

ア　理由がはっきりしていること
イ　すじみちが通らず納得できないこと
ウ　すぐに理解ができること

②儚い

ア　長く続くこと
イ　あっけなくむなしいこと
ウ　とても強いこと

答え…①イ②イ

Part 4
自分で調べる

11 小学生新聞は記事を「たったひとつ」読むところから

聞く力
話す力
読む力
書く力

取り組みやすさ
★★★

おすすめ学年
小学校低学年～高学年

今さら新聞なんて。

そう思われるかもしれませんが、ここで取り上げるのは「子ども新聞」です。

情報を正しく伝える文章や言葉に日常的に触れていくなら、子ども新聞はうってつけです。小学生新聞を読むことを習慣化すると、情報に対する感度や言葉づかい、言い回しの正しさが自然と身についてきます。

「子ども新聞」を有効活用

現在販売されている子ども新聞は主に3つあります。

・朝日小学生新聞（日刊）
・毎日小学生新聞（日刊）
・読売KODOMO新聞（週刊）

どの新聞も紙面の漢字にはルビが振ってありますし、難しいニュースには解説が付きます。子どもが読みやすいように、イラストや図解が多く使われるなど、工夫が散りばめられています。

特別な思想や偏《かたよ》った報道が気になることもあるかもしれませんが、子ども新聞においてはそういった心配はいりません。

新聞各社の配慮もあってか、中立的で安心できる報道姿勢が見受けられます。

テレビやラジオで放送されているニュースについて「これってどういうこと?」と子どもに聞かれたときにうまく答えられないこと、ありませんか?

答えられたとしても自信がなかったり、保護者自身も知りたかったりすることもあるでしょう。

子ども新聞では、タイムリーに記事が作られていますので、代表的なニュースについては、2、3日以内に取り上げられる印象です。

ですから、子どもの疑問に対して「明日か明後日の新聞でチェックしてみよう」と答えられれば、即座に解決とはなりませんが、疑問と向き合う経験を共有できます。

なお、**子ども新聞を読むことによって触れた文章や言葉、情報などは、中学受験にもプラスになります**。

実際、中学受験で灘中学校(兵庫)、筑波大学附属駒場中学校(東京)などの合格者のうち、40%以上が朝日小学生新聞を購読していたというデータ(朝日小学生新聞調べ2013~2015)も有名です。

〝受験に生きる情報媒体〟として、小学生新聞を読んでいるご家庭も多くいらっしゃいます。

おすすめの小学生新聞

おすすめは、**日刊（朝日小学生新聞または毎日小学生新聞）**です。習慣化が重要ですので、購読される場合は、まずはこの2つのいずれかを選んでいただくとよいでしょう。

朝日小学生新聞は、中学受験を強めに意識したコーナーが多く掲載されています。実際の入試問題を取り上げたり、中学受験に関わるコラムもたびたび読めますが、ニュース記事自体はやや少なめです。

一方、毎日小学生新聞は記事の数が多くて、より新聞的要素が強い印象です。最初のとっかかりとしてのハードルは、「毎日」のほうがやや低いように思います。

私自身「朝日」も「毎日」も両方購読したことがありますが、言葉を知ることや話題の膨らみという視点で言うと、「毎日」のほうが適したコンテンツが多いように感じています。

1人で読めるようになるのは小学4年生あたりからかと思いますが、もっと低学年から触れていくことで効果が高まります。

ここでは、小学1年生からでも新聞に親しむ方法をご紹介してまいります。

最初は自分で選んだ〝1か所〟を読む

子ども新聞の読み方は、**「まずは1か所（1コーナー）だけ読む」**です。

低学年では、1記事読むのも大変な負荷となります。

興味がある写真、マンガ、イラストの説明など、新聞全体をめくりながら、子ども自身が読んでみたいと思う箇所を探しましょう。まだ文字を読むのがままならない場合は、保護者が読んであげてください。

毎日届く新聞を、1か所だけで終えてしまうのはもったいないと思うかもしれませんが、「スタートのハードルはできるだけ低く」です。

実際、自分から進んで新聞を読む小学生はほとんどおらず、最初は気が進まないことが多いように思います。

なので、きっかけは保護者の声かけから。

「ほかに読んでほしいところある？」などの声かけで、2か所、3か所と、読む部分を増やしていけます。

慣れてきたり、学年が上がってきたりしたら、〝1か所（1コーナー）読み〟を〝1記事読み〟に変えていきましょう。

その場合も最初から「必ず1記事」と決めつけず、少しずつでも新聞を手に取ることをルーティンにしていけるように、1か所でも1記事でもOKという、気軽で心の広い姿勢が重要です。

読まずに過ぎ去っていったほかの記事はおそらく二度と読まれませんが、私は「ごめんなさい、ありがとう」という気持ちで古紙回収に出しています。

この**〝たったひとつ〟を必ず本人が選ぶ**、ということが重要なポイントです。

「興味があるものだけに偏ってしまうのでは」という心配がありますが、新聞や活字をまったく読まなかった子が、新聞をめくり、ひとつでも読むようになったとしたら、ものすごい進歩ですよね。

本人が1か所もしくはひとつの記事を選んだら、絶対に文句を言わずに、まずは一緒に読みましょう。

最初のうちは、読み聞かせで十分です。

ただし、**「どうしてここを選んだの？」という質問だけはなるべく毎回する**ようにしてください。根拠を説明する練習ができて、論理的思考力の向上につながります。

読んだら、話す

学年が上がるなどして少し余裕が出てきたら、記事を一緒に読んだあとに、もう少しやりとりを入れましょう。

保護者が難しい言葉の意味を説明したり、内容についてわかる範囲で解説したり、質問したりします。

記事を選んだ理由に加えて、「何か発見はあった？」「不思議に思ったことはある？」などと声かけをしていけると話が広がっていきます。

読む場所を探すのに5分〜10分。一緒に読んでやりとりをするのにも5分〜10分です。

習慣化が大切なので、毎日決められた時間、例えば夕食やお風呂の前など**取り組むタイミングを決めておくとよい**ですね。

年齢が上がって慣れてきたら、本人が1人で読むように仕向けていきます。

その場合でも、**読み終わったあとは、その記事の中のわからない言葉やできごとについて、1分でいいので一緒に調べたり話し合ったりしていきましょう。**

「読み終わったよー」

「わからないこととかあった？」

「『スイシン（推進）していく』っていう言葉がわからなかった」

「じゃあ一緒に調べてみよう」

といった具合です。

言葉を文字の情報として目で見て知り、それに対して何らかのアクションを入れることが重要です。

もし、その場で応対ができないのであれば、新聞記事に蛍光ペンで色をつけてもらう、ふせんを貼ってもらうなどして、時間ができたときにその言葉や内容について話してみてください。

「見ただけ」だと、あっという間に言葉も中身も消え去ります。
調べること、話すことで、少しずつですが言葉や内容が記憶として残っていきます。

最初は「わかんない」でも大丈夫

話し合いのなかで声かけをしても、うまくいかないこともあるでしょう。
例えば、

「この先、海がずっと汚れていくとどんな問題が起こると思う?」

と問いかけても、おそらくすぐに返ってくる言葉は「わかんない」だと思います。
でも、**大事なのは、この「わかんない」に負けないこと**です。
ここで保護者から〝正解〟を伝える必要はありません。「わたしはこう思うな」という見方を伝えてみましょう。

もしくは、実際に経験したことや身近に起こっていること、見聞きしたことと絡めて話せたら最高です。

保護者が知っていることや感じたことを正直に伝えて、記事内容に対する大人の優しい眼差しが感じられると素敵ですね。

先ほどのテーマなら「生き物は苦しいと思うし、魚を食べる私たちにも影響があるかもね」くらいで十分です。

ここであまりにもカチッとした考え（正論）を言うのは逆効果で、伝わらなかったり、そう答えなければいけないのかと引け目を感じたりしてしまうため、注意が必要です。

そしてもし、**本人が記事に対する何らかの感想や意見を言ったら、それを全力で拾いましょう**。

「魚が死んじゃう」というつたない言い方かもしれません。その言葉が合っていても、間違っていても、よく伝わらなくてもかまいません。

とにかく記事を読んで、読んだことに対して子どもが自分の言葉で意見を語ったとしたら、それはこのうえなく尊いことです。

自力で言葉の世界の扉を開く、大きな前進となります。

また、ひとつの記事を探す間に、ほかの記事も日に入ります。興味があればそちらも読むかもしれません。ひとつだけのつもりだったのが、2つに増え、3つに増え、いつの間にかその日の新聞の多くを自分で読むようになっていくことを期待したいものです。

でも、**まずは1記事**。

習慣化してきたら、次のステップに移っていきましょう。

(応用編)「書き写し」で漢字と文章の構成を身につける

新聞の1記事を読むことが毎日のルーティンになってきて、もし子どもに意欲がありそうなら、次は**「書き写し」**にチャレンジしてみましょう。

新聞記事の「書き写し」は昔から有効とされていますが、どうしてなのでしょうか。

「書き写し」は、あまり考えずに、そして自分の思い込みやレベルも気にせずにまずは写すことなので、比較的簡単に取り組めます。

また、**漢字と言葉を覚え、文の構成を体感として身につけるうえで効果的**です。

新聞記事は情報を正確に伝えるための「整理力」が高いことが多く、きちんと整理された文章を書き写せば、正しくきれいな文を書く練習にもなります。

さらに、日頃から使っている**「話し言葉」と「書き言葉」の違いを理解するのにも有効**です。

作文などで文章を書くとどうしても話し言葉になってしまう子にとっては、よいトレーニングになります。

「新聞スクラップ」などにも欲が出てくるかもしれませんが、そこは興味の範囲で。「言葉」「文章」の習得という意味では「書き写し」までで十分です。

とはいえ、「書き写し」も応用編です。

まずはあまり難しく考えずに、新聞の1記事を毎日読んで、少しだけ話し合う。そして子どもの感想を全力で肯定してあげる。

これだけで、国語力は飛躍的に伸びていきます。

こんな問題に強くなる

小学生新聞では、戦争と平和、生態系の話などがよく特集されています。新聞を読むことで普段から社会問題に触れていれば、入試問題に対応するための背景知識が育まれます。

問 現在の日本ではウナギが獲れなくなってきつつあります。なぜこの問題が起こったのか、そしてこの問題に対してどのようなことができると思うか、あなたの考えを百八十字以内で書きなさい。

（フェリス女学院中学校　２０１７年）

問 日本には自然災害が多く、特に東日本大震災の際には、多くの人々が被災し、その後の避難生活では長期間にわたってさまざまな制約が必要となりました。もし今後、同規模の災害が生じ、長期間にわたる避難生活をすることになった場合、十歳の子供達に体験、または経験してほしいとあなたが考えることは何ですか。また、あなたが具体的にどのような工夫をすることで、それは実現できるでしょうか。百四十字以内で書きなさい。

（慶應義塾湘南藤沢中等部　２０２１年）

※回答は省略しています。

Part 5
体験を言葉に

12
動物園や水族館で未知に出合う

取り組みやすさ
★★★

おすすめ学年
小学校低学年～高学年

知らないことに出合ったとき、人はどうするでしょう。おそらく、それが何であるかを知ろうとするはずです。知るためには、調べます。そして、調べるためにも、調べて「わかる」ためにも、言葉が必要です。つまり、未知に出合って興味を抱いたら、言葉を使わざるを得ないということですね。

日常の生活から一歩踏み出せば、意外とすぐに未知に出合うことができます。

聞く力
話す力
読む力
書く力

五感で受け止めたことを言葉に

動物園や水族館にいる生き物は、普段の生活となじみがない存在ばかりです。だからこそ、その姿、形、仕草、生活リズム、においなど、違いを五感で受け止めながら、さまざまなことに疑問を抱きます。

その疑問こそが、宝物です。

子どもたちが持つ「ワクワクする」「なんか、楽しい」という感想を深堀りして、その感情がどこからきているのかを言葉にしてもらいましょう。

例えば、

「今日の水族館はどうだった？」

「うん。楽しかったー」

「一番気になったのは、何？」

「エイかな」

「エイのどんなところが気になったの？」

「形。どうしてあんな形をしているのかなって」
「どうしてだと思う？」
「わからない。泳ぎやすいから？」
「そう、じゃあ調べてみようか」

といった会話から次に繋げていくことができます。

最近の水族館や動物園は説明も充実しています。

まずは解説をよく読んでみると、疑問が解決することもあります。難しい言葉などは説明してあげられるといいですね。

また、飼育員さんや学芸員さんの話を聞いたり、施設によってはＱＲコードを読み込んで音声で説明を聞いたりすることも可能です。

ここでは保護者もたくさんの未知と出合うはずです。そのときの新鮮な驚きを、ぜひ子どもに見せてあげてください。

「へぇ、そうだったんだ」という疑問や気づきを、子どもと一緒になって感じながら歩き回りましょう。

大人がワクワクして楽しんでいる姿を見せると、子どもの楽しさは何倍にも膨れ上がります。

そして、パンフレットや案内地図などを忘れずに持ち帰るようにします。場合によっては、魚や動物がたくさん掲載されている写真集やMOOKなどを売店で購入してもいいですね。

帰り道や家に帰ったあとに余韻《よいん》に浸《ひた》りながら、感想や意見を家族で交わせると最高です。

五感で受け止めた本物の感動を言葉に置き換えていく経験ができるのが、水族館や動物園です。

いつもと違う土地で「比較」をしてみよう

ほかに、日常と離れた土地を訪れるのもよい材料となります。

例えば、里山で生き物探索をする、蛍《ほたる》を見る。キャンプ場で目いっぱい自然を感じる、野外活動をする。温泉旅館で日本家屋の構造を知る、懐石料理を食べる、などです。

また、国内の世界遺産や歴史的な土地、そして、もし機会があって海外を訪れたときは、見るものや聞こえてきたこと、食べるものなど、普段とは大きく違う新鮮な経験ができるはずです。

家の近くでは見られない動物や植物、歴史ある建物や、街の中心にある巨大な教会。外国に行かなくても、ドイツ村やハウステンボス、リトルワールドやブラジリアンパークなど、日本国内でも異国の雰囲気を感じられる場所は多数あります。

ここでは、**「いつもと違う」ことを言語化する**のがポイントになります。

ただ、子どもたちはそこで見聞きしたことを「未知」として受け止めますが、違いを言葉にする方法を知らないことがあります。
そんなときは、次の言葉を付け加えて会話をするだけで、子どもたちが違いを理解できることがあります。

「日本（家の近く）と比べると〜だね」

このとき、どちらかがよい、というニュアンスを含まないように話しましょう。子どもの感性、感じ方を尊重したいところです。
例えば、「うちの近くの家と比べると、すごくカラフルだね」と声かけをしてみます。すると、「たしかに。でも私はうちの近くのほうが落ち着いて暮らせそうで好きだな」という具合に、子どものほうから感じたことを付け加えてくれることがあります。

国語で大切にされている力のひとつに**「くらべる力」**があります。
自分が持っている情報や経験、知識などと目の前のものを照らし合わせて比較し、

違いや共通点を考える力です。

あるものの説明をするときに、比較をすることで説明しやすくなることがたくさんあります。

例えば、アライグマについて説明をするとき、「アライグマはタヌキに似ていますが、アライグマはしっぽの模様が縞々《しましま》で、指がタヌキよりも長いところが特徴です」といったように、違いを明らかにすると伝わりやすくなりますね。

説明的文章の読みとりでも比較は非常に重要ですし、わかりやすく説明したり、アウトプットをするためにも、「くらべる力」を身につけておきたいものです。

もし、子どもが違いに興味を持つようであれば、インターネットやガイドブックを参照したり、詳しい人に聞くなどして関心を広げていきましょう。

「生活環境」や「文化」「気候」など大きなテーマではなく、「速い魚と遅い魚がいる」とか「この辺りは道の幅が広い」など些細《ささい》な違いについてでもかまいません。

子どもが抱いた疑問を調べるサポートができると「くらべる力」を伸ばすきっかけとなります。

子どもたちが〝非日常〟を楽しめないワケ

ところで、博物館や美術館、観光地や海外旅行は、実は大人が思うほど子どもが楽しめていない可能性があります。

もちろん、大好きだという子もいるのですが、私の塾にいる小学校高学年の生徒に聞くと、半数以上は「友達と遊んでいるほうがいい」「サッカーのほうが楽しい」「旅行に行ってもSwitchばっかりしてる」などと、やや否定的な意見が並びます。

なぜでしょうか。

きっと**〝わからないから〟**です。

何が凄いのか、どうして有名なのか、がわからない。だから、なかなか感情が動かず、面白いと感じられないのです。

では、どうすれば子どもたちが〝非日常〟を楽しめるようになるのでしょうか。

鍵となるのは、次の3つです。

1 説明するための語彙を増やす
2 自分の知っていることと比較する力をつける
3 背景にあるストーリーを知る

例えば、古い城を訪れたとき、単に「昔の建物だね」で終わらせるのではなく「お城の周りにお濠《ほり》（周囲を掘って水を通した場所）があるね。どうしてかな？」などと保護者の側から問いかけてみることで、子どもの興味を引き出すことができます。

このようなコミュニケーションや経験を重ねることで、子どもたちは徐々に〝非日常〟に興味を持てるようになります。

違いや背景を言葉で説明できるようになると、それを見つけること自体が楽しくなっていきます。

保護者の皆さんには、この「言葉」を使うサポートをしてあげてほしいと思います。言葉を大切にすることで〝非日常〟をより深く、より楽しめるようになっていきます。

こんな問題に強くなる

２０１７年に東京の武蔵中学校で出題された**理科**の有名な記述問題があります。受験生に当日、２本のネジが渡され、出題されたのが次の問題です。

問 袋の中に、形の違う２種類のネジが１本ずつ入っています。それぞれのネジについて、違いがわかるように図をかき、その違いを文章で説明しなさい。ただし、文字や印、傷などは考えないことにします。（試験が終わったら、ネジは袋に入れて持ち帰りなさい。）

▼違いについて記述する問題

例題 動物のことばと人間のことばの違いについて、これまで見聞きしたことや、経験したことを参考にして、文章で説明しなさい。

※回答は省略しています。

13

日記を毎日の習慣にする

取り組みやすさ
★★

おすすめ学年
小学校低学年〜中学年

「絶対続かない」、それが日記です。

3日坊主の代表選手ですよね。大人の私たちですら「日記を書くと考えが整理されたり、記録に残せたりしてとてもいい」とわかっていても、続けるのはなかなか大変です。

嫌われ者になりがちですが、言葉の使い方、漢字を使う経験、文章の構成、表現の豊かさなど、日記を通して身につくものはたくさんあります。

習慣化までの道のりを越えるための仕掛け

日記に取り組むうえで、最も大切なことは「習慣化」することです。書いたり書かなかったりではなく、**基本は「毎日書く」**。習慣化するために、あの手この手を使いながら、目指せ1年間。なんとか日記を書き続けましょう。

なお、ここでは日記と言ってもメモ書きのような〝日々の記録〟ではなく、**ほかの人（主に保護者）に読んでもらうことを前提とした文章形式の日記**です。続けていくために、またモチベーション維持のためにどのような工夫をするとよいかという例を挙げていきます。

●日記用のノートを気分が上がるものに変える

ドラえもんやポケモン、ディズニーなど、少しでもテンションが上がるものを使いましょう。

●ノートはマスがあるものにする

ノートの書きやすさは、書き始めるときの気分にも影響します。また、ほかの人に読ませる前提なので、読みやすさも大事な要素です。マス目があることで、文字を詰めすぎたり、文字間を空けすぎたりすることがなくなります。文字の大きさのバランスを知るのにも有効です。

●絵日記もOK

絵が好きな子どもには非常に効果的。描いた絵の説明っぽい文を書いていけば、文章も長くなりますし、ページが彩《いろど》られて空白も減るので、達成感が増します。

●壁に進捗表を貼ってみる

1日終わったらシールを1枚貼る、というのは思いのほか効果があります。成果が目に見えますし、小学生はシールを貼るのが大好きです。壁に進捗表のようなものを準備して、子ども自身に貼ってもらってください。

●ご褒美を準備する

結果に対してというよりも、努力に対する報酬という意味合いで準備するとよいです。どんな努力に対してご褒美があるか、ということを明確にして渡すことが大切です。

例えば、「10日間連続で書けたら、コンビニで好きなお菓子を買おう」や、ひらがなばかり使う子に対して「学校で習っているぶんをすべて漢字で書けたら、アイスを食べられます」などもよいでしょう。

結果と努力の違いは、頑張れば必ずできること＝努力、基準が決まっているものや誰かから評価されること＝結果、と考えるとよいと思います。10日間連続で書くというのは努力ですし、クラスで一番作文が上手だと褒められるのは結果ですね。

●保護者とリレー形式で書いてみる

「自分だけが毎日やらされている」と不公平感を持つこともあります。そんなときは、子どもが1回書いたら次は保護者が日記を書く、という形式もおすすめ。親が書いた文章を読むことで「こうやって書くといいのか」という書き方の参考を示すことにもなります。

●一日の中で「書くタイミング」を決める

「家に帰ってきたらすぐ」「寝る前」など、書くタイミングを決めると習慣化しやすくなります。

我が家では「夜ごはんのあとすぐ書く」と決めていました。夕飯の前に書くのもいいのですが、空腹状態で集中できなかったり、気持ちがのってきて書き進めているときに、ごはんの時間になって中断されたりするのを避けたかったからです。友だちの家に遊びに行っていても、習いごとがあっても、夕飯は家で食べることがほとんどのはずですから、例外が少なくておすすめです。

●読んでもらう人を増やす

保護者やきょうだい、祖父母、学校の先生や習いごとのコーチなど、信頼できる人に読んでもらってひと言でいいので感想をもらいましょう。可能ならコメントを書いてもらうとさらにいいですね。

続けていくための工夫、ぜひいろいろと試してみてください。

もちろん、すべてを取り入れる必要はありません。

うまくいっている間は続けてみて、効果が薄れてきたと思ったら、ほかの方法に切り替えます。


ここでも重要なことは、**保護者が無理なく応援できる方法を選ぶこと**。

本人同様、保護者もサポートを続けることができるもの、という視点が重要です。


また、2行日記や3行日記をすすめる方もいらっしゃいますが、ただの記録になってしまうため、おすすめしません。

日記の効力を最大限にするには、文と文のつながりや展開、気持ちの移り変わりなどを意識したいものです。小学2年生以上の場合は、5文以上の長さにすることを推奨します。

どうしても書けない日はインタビュー形式に

本人がどうしても書けない、書きたがらない、という日もあると思います。そんな日は、「書かなくていいよ」や「一行でもいいよ」とするのではなく、「今日はインタビュー形式の日記でいこう」と提案して、手伝ってあげるといいでしょう。

インタビューをしながら、ときどき間を取って、子どもに自分の話したことを文章にして書いていってもらいましょう。

何回か質問をしているうちに、内容も量も案外いい感じになります。

例えば、

「今日、休み時間に何した？」

「鬼ごっこかな」

『今日、休み時間におにごっこをした』

「鬼ごっこするときって何考えてるの？」

「捕まらないようにどうすればいいかな、って」

「今日の鬼は誰だったの？」

「一郎だよ。クラスで一番足が速い」

「一郎君が鬼だって決まったとき、周りはどんな感じで反応した？」

「やべー、一郎かよ！　って感じ」

『クラスで一番足が速い一郎がおにに決まったとき、「やべー、一郎かよ！」とみんなが言っていた。』

「逃げるときに工夫したことある？」

「うーん、今日は一郎が鬼だったから、障害物が多いところをなるべく逃げるようにした」

「捕まりそうになった？」

「1回やばそうなときがあったけど、ジャングルジムをくぐっていったら逃げ切れた」

『おにごっこが始まった。一郎がこっちに向かってきた。ジャングルジムをくぐってにげたら、なんとかにげ切れた』

「そのあとはどうなった?」

「一郎はほかの人のところに行って、しばらくしたら休み時間が終わった。捕まらなかった」

「一郎君から逃げ切ったんだね。すごいね。どんな気分だった?」

「捕まらなくてよかったよ。鬼になったら、疲れるしね」

『一郎はほかの人のところに行った。しばらくすると、チャイムが鳴って休み時間が終わった。ぼくはつかまらなかったので安心した。おにになるとつかれてしまうからだ』

このインタビューをつなげていくと、あら不思議、素敵な日記の完成です。

聞くときのポイントは**「おうむ返し＋『気持ち』または『様子』をたずねる」という形にすること**です。自然と自分の気持ちやあたりの様子が入った返答になります。

あとはそれをつないでいくだけですが、文が乱れてしまったり、つながりが変だったりすることもあるかと思います。

そのときも、「ここが変だな」とか「直したほうがいい」などと指摘しないようにしましょう。

そもそも、このインタビュー形式は「書けない」「書きたがらない」からスタートしているはずですので、書けただけで十分です。

「高い完成度は求めない」、これも重要なことですね。

> 今日、休み時間におにごっこをした。
> クラスで一番足が速い一郎がおにに決まったとき、「やべー、一郎かよ！」とみんなが言っていた。
> おにごっこが始まった。一郎がこっちに向かってきた。ジャングルジムをくぐって逃げたら、なんとかにげ切れた。一郎はほかの人のところに行った。
> しばらくすると、チャイムが鳴って休み時間が終わった。ぼくはつかまらなかったので安心した。おにになるとつかれてしまうからだ。

実はこの形式の応用編として、**子どもが自分に対してインタビューをする**というものがあります。

自分で聞いて自分で答えることで、日記を完成させてしまう魔法のやり方です。

今回は保護者とやりとりをする形で作りましたが、この「型」をマスターすれば、子どもだけでスラスラ書けるようになります。

インタビューのポイントは、

・今日何があったか
・そのとき、何を考えてその場面にいたか
・何かが起きたとき、どう思ったか
・工夫したことや、いつもと違いを作ったところはあるか
・何か変化があったか
・最終的に、どうなったか。また、そのときの気持ち

などです。

「できごと ＋ 気持ち」、もしくは**「できごと ＋ 変化」**をすくい上げると、それだけ

で日記としてよいものができあがります。

日記が書けたら必ずリアクションを！

最後に、保護者の方にお願いがあります。絶対にやってほしいことと、決してやってはいけないことです。

まずやっていただきたいことは、**子どもの日記を読んだら必ずリアクションを〝書く〟**ということです。

会話ではなく、言葉を書くことで記録に残してあげてください。

そして、その際に**必ず褒めること**。よいところを何がなんでも探して、褒めることです。

褒めるポイントは、

・内容

・気持ちの表し方
・文字の丁寧さ
・難しい漢字が書けた
・長さ
・表現
・句読点の打ち方
・接続詞の使い方
・これまでとの違い（成長）

など多岐に渡ります。

探せば必ずあります。褒め方がワンパターンになってもかまいません。どのような内容であっても、褒めることにこれ以上ない価値があるのです。

そして**やってはいけないことは、「よく書けていた日記と比べること」と、「ミスを指摘すること」**です。

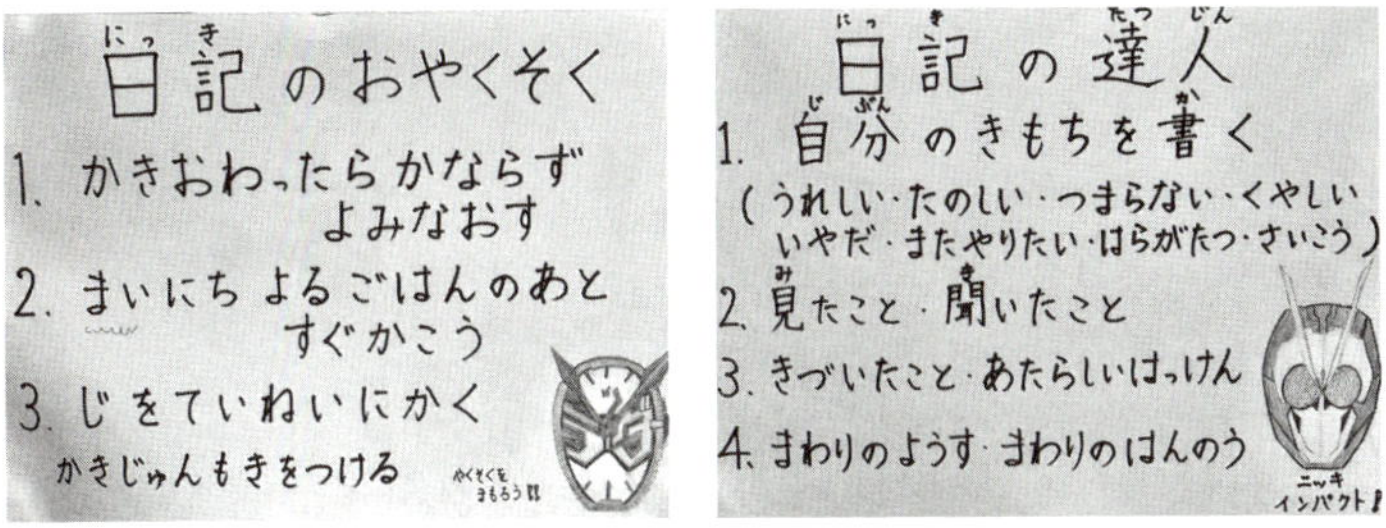

▲「日記の達人」と「日記のおやくそく」
家の壁に貼っておいたアドバイスです。うまく書けないときにいつでも確認できるように机の横に貼ってありました。

言いたくなることはたくさんあると思いますが、ネガティブなことを言われたり、書かれたりした瞬間、日記を書くモチベーションはすっかり消え去ってしまうことを忘れてはいけません。

「日記を書く」ことは、子どもにとって自分の内側をさらけ出すことですので、極めてデリケートなものです。

そのことを理解したうえで、本人の気持ちを盛り上げるコメントをぜひお願いしたいと思います。

こんな問題に強くなる

昨今増えている自由記述の問題において、あるテーマについて「自分の体験や見聞きしたことを踏まえて書く」という出題があります。日記を書くことによって日常的に自分の体験を言葉や文章に置き換えていれば、非常に書きやすくなります。

例題1 「同調圧力」について、感じたことや考えたことをあなた自身の体験や見聞きしたことを踏まえて200字以内で書きなさい。

例題2 「ルールの必要性」について、感じたことや考えたことをあなた自身の体験や見聞きしたことを踏まえて150字以上200字以内で書きなさい。

※回答は省略しています。

第5章

おうちでできる国語力アップの方法

【中学年～】

14 食事の時間は親子のラジオタイムに

聞く力
話す力
読む力
書く力

取り組みやすさ
★★★

おすすめ学年
小学校中学年〜高学年

国語力を育むうえで改めて価値を見直したいメディアがラジオです。

朝の忙しい時間に落ち着いて活字を追うのはとても難しいこと。その点、ラジオは音声ですので、ほかのことをしながらでも聞くことができます。防災の観点からも、いつでも手に取れる場所にラジオを置いておきましょう。

朝と夕方のＮＨＫニュースがおすすめ

ラジオはスマホで流すのでも問題はありません。

ただ、スマホで聞いていると、アプリの通知音などで音声が分断されてしまったり、場合によっては止まってしまうこともあります。

できればハンディラジオを購入することをおすすめします。２０００円ほどで結構よいものが買えます。

次に、どんな番組を聞くとよいかというと、主にニュース番組です。

とくに、**朝食と同時に朝のＮＨＫニュースを聞く**ことをおすすめします。

朝食の時間は親子が揃《そろ》っている可能性が高いこと、情報を入れて脳を動かすことで目覚めを促進できることが理由です。

また、可能であれば1日に2回、夕食の時間にも聞いてみるとよいでしょう。

ニュースの内容に変化もありますし、朝は忙しくて話題にできなかったことを、夜にもう一度家族の話題にすることもできます。

高学年になるにつれて段々とコミュニケーションの形も変化してくるので、親子の話題づくりにもとても便利です。

わからない言葉を一緒に調べるきっかけに

ニュースの中には、知らない言葉や地名などがたくさん出てきます。

例えば政治や社会のニュースであれば、「為替《かわせ》と株の値動《ねうご》き」「衆議院選挙」「予算」、事件や事故であれば「業務上過失傷害」「別状はない」「渋滞の緩和」などなど。

小学生にとってはまったくなじみのない言葉です。

「きちんとした知らない言葉」を浴びること自体が、まず貴重な経験です。

子どもが好きなYouTubeやテレビアニメから吸収するだけでは、耳にする言葉に偏りが出てしまいます。

社会でよく使われている言葉、あるいは正しい使い方をされている言葉を聞くことは、新鮮なインプットになります。

脳科学者の加藤俊徳《かとうとしのり》医師は、「脳の『聞く力』を鍛えるのに一番適しているアイテムのひとつに、ラジオがある」としています。[※]

ニュースを聞くことによって、世の中のできごとに子どもが興味を持ち、調べたり、行動してみたりする可能性も高まります。

「これってどういう意味？」と、難しめの質問が飛んでくることもあると思います。

もちろん、その場でうまく答えられるとよいですが、答えられなくても「家に帰ってきたら一緒に調べてみない？」と促して（そして保護者はそれを覚えておいて）、インターネットや本で調べるところまで発展したら素晴らしいですね。

気になったことを親と一緒に調べるという経験は、子どもにとっても非常に嬉しいこと。親子の大事な時間になります。

また、**リスニングの力も鍛えられます**。耳で正確に聞き取っていなければ、調べることもかないません。

例えば、「起死回生の一打によってサヨナラ」と聞いて、「キシカイセイ」という言葉がわからなかったとします。

知らない言葉はただの音として耳に入ってきているので、いざ子どもが辞書で調べ始めても「シキ」のところをずっと調べていたという取り違えも起こり得ます。

「あぁ、それは起死回生だから『キ』のところを調べよう」とサポートしてあげられると、やりとりが印象に残り、記憶に刻まれやすくなります。

調べることで、初めて自分の聞き間違いを自覚できるというわけです。

実際に、私の家でもこの取り組みをしています。

東京オリンピックの頃、長男との会話の中で出てきたのは「この人はお食事券使って何食べたからニュースになってるの？」というもの。

「おぉ、いい質問だね。お食事の券じゃなくて、汚職の事件だよ。汚職って何か知ってる？」「いや、わかんない」「『オショク』で調べてみて」と、会話が発展していきます。

まさにラジオで起こり得る有名な空耳ですね。

ちなみに私は、子どもや生徒との会話で口癖のように「いい質問だね」と言うので、家でも塾でもモノマネされていじられています。

国語力を伸ばしてくれるラジオ番組はニュースだけではありませんが、ラジオは「パッとつけて流れているものを聞く」という聞き方が一番多いと思いますので、ピンポイントで番組を聞くのは結構困難です。

BGMやタイムキーパーとして流しつつ、合間に挟まれる天気予報や交通情報に耳を傾けるだけでも、季節や地名にまつわる言葉をたくさん知ることができます。

言葉を知り、言葉から連想される世の中の動きを考え、新たな知識を得る。

親子のコミュニケーション、食卓での会話のネタにもなります。

ラジオ、いいことばかりですね。

おすすめのラジオ番組

●「子ども科学電話相談」（ＮＨＫラジオ）

動植物や天文、科学や人体などについて、小学生の疑問に専門家の先生が答えてくれる番組です。１９８４年から放送されている長寿番組で、専門家の使っている少し難しめの語彙や言い回しをアナウンサーがやさしく言い換えてくれるのも、言葉の勉強にうってつけです。

※加藤俊徳『脳を強化したければラジオを聴きなさい』宝島社

こんな問題に強くなる

▼外来語の意味を答える問題

問 「レシート」のように「ートト」で終わる外来語はたくさんあります。1～5の意味になるそのような言葉を、（　）内の文字数になるように、解答欄に合わせて答えなさい。

1 警報（四字）
2 支援（四字）
3 スポーツ選手（五字）
4 遠くはなれた所から行うこと（四字）
5 旅券（五字）

（灘中学校　2024年）

答え…1:アラート　2:サポート　3:アスリート　4:リモート　5:パスポート

15

旅先にはカメラを持って出かけよう

取り組みやすさ

★★★

おすすめ学年

小学校中学年〜高学年

子どもが撮った写真は、ブレていたり、斜めになっていたりするのですが、すごく興味深いものです。思いもよらない場所を、予想外のアングルで撮ってきます。そこには、たくさんのストーリーがあります。

ぜひ積極的に子どもにカメラを持たせて、「何を考えて撮っていたのか」を言語化してもらいましょう。思考を言葉にしていく経験をすることができます。

「マイカメラ」で撮ってもらう

撮ってきた写真を見て、「どうしてそこを撮ったの？」と聞くと、「面白い形の石が転がっていたから」と答えてくれます。

実際は、写真の中に石は無数にあって、どれのことかわからない……というようなことが多発しますが、〝撮ること〟には必ず理由があります。子どもなりにその場で考えたことやストーリーを頭の中で切り取って、写真に収めているのです。

カメラは写真を撮るときだけ渡すのではなく、「本人のもの」として与えてしまうことをおすすめします。

〝自分のもの〟には愛着も湧きますし、使用する回数も自然と増えます。新しく買い与えることをしなくても、機種変更して使用しなくなった中古のスマホで十分です。非常に高いカメラ性能を持っていますし、何より軽い。万が一壊れてしまっても大きな支障がないはずですから、子どもに渡すのに最適です。

もちろん、デジカメや子どもカメラでもＯＫです。

写真は、衝動的に撮ることも多くあります。「撮りたい」と思ったときに、「貸して」「使っていい？」と保護者に聞いていると、その瞬間を逃すことにもなりかねません。

また、**「撮った順番」や「自分が何を撮ったか」には意図がある**ので、保存フォルダの中にはなるべく「ほかの人が撮った写真」が入ってこないほうが望ましいです。

子どもを旅の「記録係」に

旅行に行ったら、「この旅の記録係は任せた」とカメラを渡します。

すると子どもは注意深くあたりを見回して、撮れるもの、撮りたいものはないかな、と探し始めることでしょう。

ちょっとだけ気に留めておきたいのは、**なるべく制限なく撮れるようにしてあげたい**ということです。

データの容量を気にすると、シャッターの手が鈍ります。「容量は気にせずたくさん撮ってね」と声をかけてあげるといいですね。

撮っているとき、子どもの頭の中ではたくさんの言語化が起きています。

ここは少し暗いな、昨日と比べて川の水が濁《にご》っているな、木漏《こも》れ日がチラチラ光っているな――。ファインダーや画面を通して見えているもの、考えていることを尊重し、撮ることに集中できるよう見守ってあげましょう。

ときには「何を撮ってるの?」や「いい写真撮れた?」などと声をかけてあげると、カメラマンとしての子どもの気持ちも盛り上がっていきます。

ただし、

・危険な場所に行かないこと
・画面をのぞきながら移動しないこと

という2つの注意は必ず守ってもらいましょう。

つい夢中になってしまいますが、**安全への意識だけは持ち続けることが大切**です。

スライドショー（アルバム作成）機能を活用する

旅が終わったあと、撮った写真を編集することによって、頭の中で言語化されたことをアウトプットすることができます。

まずお手軽なのは、**お気に入りの写真を選ぶ**こと。

撮った写真を振り返りながら、画面をタップしてお気に入りマークを付けるなどして選別していきます（カメラで撮った写真もスマホに取り込めると選びやすいです）。

「どうしてこの写真を選んだの？」

「これ、撮ったときは何を考えてた？」

と聞きながら一緒に進められるといいですね。

さらに、選んだものをつないで**スライドショー**を作れば記念にもなりますし、共有も簡単にできます。

子どもだけでもできるくらい簡単な作業ですが、最初は保護者の協力があるとなおよいです。

「iPhone／スライドショー／作り方」「Android／スライドショー／作り方」などで検索すると作り方が出てきて、5分でカッコいいスライドショーが完成します。

「順番、どうする?」「これはすごくよく撮れてるから、最後かな?」などと声をかけていくと、「この旅で一番盛り上がった瞬間はここだから、これを最後にする」と本人が考えるストーリーを聞き出すことができます。

また、少し長めの旅や本人が楽しみにしていたお出かけなどの特別な体験をしたときには、フォトブック作成サービスを使うのもおすすめです。

本格的なオリジナルフォトブックが2000円程度から作成可能です。そうしてできあがったフォトブックは家族の宝物になりますし、本人にとっても大切な1冊となるはずです。

・どの写真を載せるか
・どうしてその写真を選んだのか
・順番はどうするか
・大きさや配置はどうするか
・今回の旅の一番の見せ所は
・スライドショーやアルバムのタイトルは

など、製作する過程でたくさんの意図を言葉として聞くことができます。

旅の思い出を「編集」しよう

写真を撮り続けていると、子どもたちの中に「見えているもの」「表現したいこと」がどんどん増えていきます。

どこにどんなストーリーがあるか、思い出として語れるシーンはどこか、そして何を思って写真を選び編集しているか。

小さなカメラマンが語る旅のストーリーを聞いてみませんか。

旅の記録を残していくと、表現力と共に〝編集力〟が身につきます。

編集という作業は、〝自分が一番表現したいこと〟に合わせて、さまざまなものや情報を集めてきて、〝不要なもの〟を削《そ》ぎ落としながら形にしていくことです。

さらに、どうしたら相手に届くかを考えることでもあります。

つまり編集する経験は、国語力を大きく高めてくれるのです。

また、応用編としては、動画の作成も面白いですね。

カメラでもスマホでも、静止画と動画は簡単に切り替えが可能です。

iPadには最初から動画編集アプリが入っています。自分が作りたいストーリーから逆算して動画を撮影したり、場面や気持ちに合った音楽をつけたりすることで、映画監督になったような気持ちも味わえます。

旅の思い出をひとつの物語として編んでいくことで、国語力が養われていきます。

▼**絵や写真を見て考えたことや感じたことをまとめる問題**

（中学入試ではありませんが）２０１５年度の順天堂大学医学部の入試で出題された問題が有名です。

問　キングクロス駅の写真です。
あなたの感じるところを８００字以内で述べなさい。

問「近年であれば、『かわいい』や『ヤバい』といった、多くの感情を省略して伝えられる言葉が分かりやすい」とありますが、次の写真は二〇一七年度『新聞広告クリエーティブコンテスト』で最優秀賞を受賞した作品です。あなたが審査員であるとしたら、この作品をどのように評価しますか。本文で著者が述べていることと、与えられた資料（作品）をふまえ、八十字以内であなたの考えを述べなさい。

（三田国際学園中学校　２０１８年）

（一般社団法人日本新聞協会 提供）

※回答は省略しています。

第6章

おうちでできる国語力アップの方法

【高学年（受験対策）】

16

三語作文をつくってみよう

聞く力

話す力

読む力

書く力

取り組みやすさ

★★★

おすすめ学年

小学校高学年

「中学受験に向けて、もっと直接的に語彙力を上げる方法はないの？」とお考えの方向けに、この章では受験対策編をお伝えします。

小学校高学年になると受験勉強が本格化して、家庭でじっくり時間をとるのが難しくなってきますよね。

そこでおすすめしたいのが「三語作文」です。週に一度のルーティンとして取り組んでみてはいかがでしょうか？

受験対策に「三語作文」が効く理由

「三語作文」とは、3つの言葉の意味・用法を調べ、それらの言葉を適切に使いながら、80字から120字の文章を作成するというシンプルな学習法です。**言葉の意味を理解するだけでなく、文章の中で正しく言葉を使えるようにするためのトレーニング方法**です。

実際に私の塾でも取り入れていて、中学受験対策としてはもちろんのこと、国語の要《かなめ》となる力をしっかりと鍛えることができています。

中学受験指導塾スタジオキャンパス（自由が丘）の矢野耕平先生が実践されている「言葉のブリッジ」という取り組みを参考にさせていただきました。

ではなぜ、この三語作文が受験対策に有効なのでしょうか。

それは**言葉を〝知ること〟と〝使えること〟の橋渡しを短期間で実現できるから**です。

言葉は使わなければ身につきません。
辞書で調べたり、本を読んだり、話を聞いたりしてインプットした知識も、アウトプットをしなければ定着しにくいものです。
さらに、辞書に載っている意味と、実際の使われ方には、ズレがあることも少なくありません。

例えば、「匙加減《さじかげん》」という言葉。辞書で調べると「分量の多少を考えること。手加減をすること」(日本国語大辞典)とわかります。
でも、この言葉を小学生が理解している「手加減」の意味に当てはめると、少しおかしなことになりませんか?

(例)弟はすぐ泣くので、ゲームで勝負するときは匙加減する。

このように、言葉の意味を調べただけでは実際の使い方は身につかず、間違った使い方で覚えてしまう可能性もあります。

実際に言葉を使用して文を作ってみることで、誤って覚えることを回避することができるのです。

「三語作文」にチャレンジしよう

三語作文のやり方は、次の通りです。

・テキストの中から、重要だと思う言葉、もしくは頻繁《ひんぱん》に出てくる言葉を3つセレクトする
・辞書で3つの言葉の意味と用法を調べる
・3つの言葉すべてを使い（順番は自由）、80字以上120字以内のショートストーリーを作る
・（余裕があれば、作ったストーリーにタイトルをつけてみる）

言葉選びに使うテキストは、『これだけは押さえておきたい！中学入試用 国語力が

アップすることば1200』(四谷大塚監修)、『国語力を高めることば新辞典：思考力・表現力ぐんぐんアップ！』(受験研究社) などがおすすめです。

また、本書付録のダウンロードコンテンツとして、1年分 (50枚) の三語作文を作成しました。そちらもぜひ活用してみてください (303ページ)。


三語作文は、辞書を使って言葉の意味を調べることから始まります。

このとき、できれば紙の辞書を使うのがおすすめです (175ページ〜参照)。

また、言葉の意味だけでなく、「用法」「用例」なども合わせて確認することで、文章の中での〝使われ方〟のヒントも得られます。


3つの言葉は、必ずしも関連性があるわけではありません。

そのため、使い方を間違えると、話がちぐはぐになってしまうこともあります。

〝自分だけが理解できる内容〟ではなく、〝ほかの人にも伝わる文章〟を書くように意識することも求められます。

苦手な添削はＡＩに任せて

「そうは言っても、できあがった文章が正しいかどうかのチェックなんてできるかな……」という不安もおありかと思います。

そこで役立つのが、今や身近になったＡＩの力です。

例えば、ChatGPTやGoogleなどの生成ＡＩに、言葉の使い方について聞いてみましょう。

プロンプト（質問文）は次のような感じです。

> 次の文の「匙加減」の使い方で日本語としておかしなところはありませんか。
> また、「匙加減」の正しい使い方の例文を挙げてください。
> ・弟はすぐ泣くので、ゲームで勝負するときは匙加減する。

ＡＩ（Google）の回答は次の通りです。

指摘の通りその文の「匙加減する」の使い方には違和感があります。

違和感の理由

※「匙加減する」が持つニュアンスの問題：「匙加減」は、微妙な調整や加減を必要とする場面で使われます。

ゲームで弟にわざと負ける行為は、調整というよりは、意図的な操作や妥協といった要素が強く、「匙加減」の持つニュアンスとは少しずれます。

「匙加減」の正しい使い方の例文

1．料理の味付け：「このスープは、塩の匙加減が難しい。ほんの少し入れすぎるとしょっぱくなってしまう。」

2．仕事の進捗管理：「プロジェクトの成功には、メンバーへの指示の匙加減が重要になる。厳しすぎてもやる気をなくしてしまうし、甘すぎても締め切りを守れない。」

3．人間関係における言動：「あの人は冗談の匙加減が絶妙で、場を和ませるのが上手い。」

弟が泣くケースでの適切な表現
※弟はすぐ泣くので、ゲームで勝負するときは手加減する。
※弟はすぐ泣くので、ゲームで勝負するときは加減する。
※弟はすぐ泣くので、ゲームで勝負するときはほどほどにする。
これらの表現の方が、「相手に配慮して力を加減する」というニュアンスが伝わりやすくなります。

こうして出力されたＡＩのチェックをヒントに、「ここの表現が少しおかしいかも」「この言葉はこんな感じで使うとよさそうだよ」と伝えてあげましょう。そうすることで、子どもたちは言葉の微妙なニュアンスや適切な使い方を理解することができます。

なお、ＡＩを使った言葉の添削はかなり精度が高いですが、絶対に正しいというわけではありません。ＡＩの回答に違和感を持ったら、辞書も活用してみてください。

私の塾では、小学5年生から毎週「三語作文」に取り組んでもらっています。

年間を通して多くの言葉に触れ、文章を作成することで、**語彙力と記述力を同時に強化する**ことができます。

「三語作文」で子どもの創造性に触れる

「三語作文」は、語彙力と記述力を飛躍的に伸ばすだけでなく、子どもの豊かな創造性を育む効果も期待できます。

中学受験の勉強は、幅広い知識を身につけることや論理的思考力を鍛えるという点において非常に優れています。

しかし一方で、子ども自身の発想力やオリジナリティを求められるシーンは限られています。

その点「三語作文」は、実際の使われ方に近い**〝生きた言葉〟を用いながら、どのような物語を紡ぎ出すのか、子どものアイデアを発揮する場**となります。

私の塾では三語作文を「語彙プリ（語彙プリントの略）」と呼んでいますが、子どもたちは、「今日の語彙プリ、何かな〜」と毎週楽しみながら取り組んでくれています。

エッセイのように書く子もいれば、登場人物を設定して毎回連作短編小説のように書く子もいます。子どもたちから出てきた作文は、どれもそれぞれの個性がにじみ出た、とても読み応えのある作品です。

中学受験に必要な語彙力、記述力を高めながらも、子どもたちの個性や創造性を知ることもできる三語作文を、ぜひ取り入れてみてください。

《生徒が作った三語作文の例》

・小学5年生女子（いじらしい・はにかむ・あらかじめ）

友達と水族館に行くことになったので、あらかじめイルカショーの時間を調べておいた。当日、会場はとても混雑していた。一生懸命ジャンプをしているイルカを見て、いじらしく思った。イルカに盛大な拍手を送ると、イルカがはにかんでいるように見えた。

——タイトル『イルカのほほえみ』

・小学5年生男子（うしろめたい・おもむろ・おびただしい）

今日はサッカーの試合があった。自分のせいでおびただしい数のゴールを決められてしまい、うしろめたい気持ちになった。みんなと離れて一人でおもむろに家に帰った。家に着くとまた悔しさが込み上げてきて、家族の前で大声で泣いた。

――タイトル『くやし涙』

・小学6年生女子（溜飲《りゅういん》を下げる・不退転《ふたいてん》・ないがしろ）

担任の先生は最悪だ。なぜなら、生徒をいつもないがしろにするからだ。その件でいつも怒りを感じていた私は、不退転の決意で先生に話をしに行った。すると、先生は謝り、「もうしません」と約束してくれた。私は溜飲を下げ、軽やかな足取りで教室に戻った。

――タイトル『先生との約束』

こんな問題に強くなる

指定された言葉を用いて短文を作成する問題

例題1 「うろたえる」という言葉を使って主語・述語の整った文を書きなさい。

例題2 「うかつ」「断じて」の二語を用いて三十字以内の意味の通る文を作成しなさい。

例題3 「むしろ」という言葉を用いて、三十字以内の意味が通じる文を作りなさい。

※回答は省略しています。

17 入試問題文の「要約・あらすじ」をノートに書いてみよう

聞く力
話す力
読む力
書く力

取り組みやすさ
★★

おすすめ学年
小学校高学年

この取り組みによって、国語が苦手だった子どもが、小学5年生から6年生にかけて国語の偏差値を10〜20も上げていく事例を何度も見てきました。

もちろん、ほかの学習の効果もあったとは思いますが、それでも子どもたちは「要約・あらすじノートが効いた」と口をそろえて言います。特に国語が苦手な子ほど、効果を実感しやすい方法です。

入試問題は「解く」だけじゃもったいない

「漢字や知識の問題は練習すればできるようになるけど、文章題になると途端に解けなくなってしまう……」

実はこれは、多くの保護者から聞くお悩みです。

原因は多岐に渡りますが、**文章全体を捉える力が不足している**ことが大きな要因のひとつとして挙げられます。

そこで登場するのが**「要約・あらすじノート」**です。

これは、一度読んだことのある国語の問題文を、200〜300字程度にまとめ直す学習です。

なお、説明的文章で重要な主張を短くまとめるのが「要約」、物語文・小説で全体の流れや変化をまとめるのを「あらすじ」と呼んでいます。

中学受験の国語で使用するテキストや入試問題は、作者や筆者が文章に込めたメッセージを問い、子どもたちの語彙力や読解力を試す、選び抜かれた質の高いものばかりです。

受験勉強を通してせっかく素晴らしい文章に出合えたのですから、ただ問題を一度解いて、○×をつけただけで終わらせてしまうのはもったいないと思いませんか？

文章をよく読み、要約・あらすじにまとめる練習をすることで、文章への理解度が深まるだけでなく、言い換える力、抽象化する力、文章を構成する力などが身についていきます。

私の塾でも、小学校高学年の中学受験クラスでは、週に一度のペースで要約かあらすじのどちらかに取り組んでいます。

また、主張やできごとの因果関係、文章の展開の「なぜ」が理解できていないと書けないのが、要約・あらすじです。

入試でよく問われる筆者の主張の根拠や人物の心情変化の理由など、問題が難しくなるほど、全体的な背景や主題（テーマ）を把握していることが前提となります。

つまり、要約・あらすじに取り組むことで、**重要で配点の高い要旨や主題に関わる問題に正解する力も伸びていく**というわけです。

要約・あらすじまとめのやり方（説明的文章／物語文・小説）

まず、要約・あらすじ用のノートを1冊準備してください。

読み直しや修正をしやすくするため、1ページに1文章と限定することをおすすめします。

PCやタブレットではなく、**紙のノートが理想的**です。入試問題も紙ですからね。

そのうえで、〝書く長さ〟を意識します。

だらだらと長く書くのではなく、**200～300字に限定**しましょう。長さを無制限にすると焦点がぼやけてしまいます。

次に、書き方について簡単に示します。

《要約……説明的文章の場合》

・全体を読んで「筆者の伝えたいこと」を中心に200字程度にまとめる
・具体例は基本的には書き入れない（主張を導くためのものが多いため）
・主張の重複に気をつける（説明文は同じ主張を何度も繰り返すため）
・最大の主張に至るまでの説明とその根拠をまとめていく
・文章中で使われている漢字は、まとめるときも必ず漢字を使用して書く
・書き終わったら音読する（不自然な点に自分で気づく）

要約に慣れてくると、文章の見え方が変わってきます。**初見の文章であったとしても、「重要なポイントはどこか」「要約に書くとしたらどこを書くか」「どんな接続詞に気をつければよいか」といったことに気づく**ようになってきます。

《あらすじ……物語文・小説の場合》

・次の3つの展開の型を意識しながら200字〜300字程度にまとめる

1.「いつ・どこで・誰が」⬇人物と場面
2.「何をした・何が起きた」⬇できごと
3.「どうなった」⬇変化・行動
※抜粋の文章であることがほとんどであり、起承転結がはっきりしていない場合が多いため、起承転結を意識するよりも変化に注目するとよい

・細かな情景描写や心情、セリフなどは書かない（物語を動かす重要なセリフは書くべき）

・書き終わったら音読する（不自然な点に自分で気づく）

あらすじの練習をすることで、文章のヤマ場や、作問者がその文章で特に読んでほしい部分への意識が高まります。

それらは、得てして配点の高い問題として出題されることが多いものです。

つまり、あらすじの練習をしていくことで、物語文・小説での点数アップが期待できるようになるのです。

要約にしても、あらすじにしても、取り組むには時間と手間がかかります。

でも、そのぶん効果は抜群です。

何度も書くうちに、文章をまとめる力はもちろん、書くことへの抵抗感がなくなり、**自分の考えを文章で表現する力**が向上します。

保護者や先生などチェックしてくれる人がいれば、日本語の文章としての不自然さや簡単な漢字のミスなどにも気づくことができます。文章中の漢字はそのまま漢字を使うルールを守れば、ひらがなばかりで書く癖がある子にとっても、よいトレーニングになります。

中学受験をしない子でも、教科書で学習が修了した単元の文章などをまとめる練習をすると効果的です。

塾に通っていなくても、ぐんぐん国語力を伸ばしていけますよ。

こんな問題に強くなる

▼文章全体の要旨や主題の理解を問われる問題

問 柵の外に出て、かけていくガゼルに対する「少年」の言葉を、「私」が受け入れたのはなぜですか。**本文全体をふまえ、**【　　】（182〜186行目）の部分に注目して説明しなさい。

（麻布中学校　2021年）

例題1 次の本文を読み、それを**要約した**後の文の空欄にあてはまる言葉を指定された文字数で本文中から抜き出しなさい。

例題2 この文章の内容を八十字以内で**要約しなさい**。

※文章、回答は省略しています。

重松清（しげまつ きよし）

中学受験といえば、重松清。この10年間、１００以上の入試問題で採用されている定番中の定番です。優しさと葛藤、ほろ苦さを味わいましょう。

『小学五年生』
文春文庫

大人への階段をのぼり始めた少年たちの、きらめきと不安が詰まった短編集。家族や友達との関係、将来への漠然とした不安。誰もが経験する悩みや喜びを、ときに共感したり、ときにハッとしたりしながら味わいましょう。

『日曜日の夕刊』
新潮文庫

いつもの日曜日。家族や恋人、街の風景。ごく普通の日常に散りばめられた小さな幸せや切なさを、優しいまなざしで描く短編集。読んだあと、周りの人にいつもより少しだけ優しくなれる１冊です。

『くちぶえ番長』
新潮文庫

小学４年生のツヨシのクラスにやってきた、ちょっと風変わりな転校生マコト。元気いっぱいの女の子との出会いをきっかけに、ツヨシとクラスメイトは友情や優しさについて少しずつ学びます。小学４年生の日常を描いた、爽やかな読後感が魅力の物語です。

『ポニーテール』
新潮文庫

お父さんとお母さんが再婚し、小学４年生のフミに６年生の姉ができる。新しい姉・マキは、どこか冷たい——。他人同士だった２人が少しずつ心を通わせます。家族ってなんだろう、という疑問に答えてくれる１冊です。

『きよしこ』
新潮文庫

吃音の少年が、周囲の人との関わりを通して、悩みながらも成長していく物語。小学校から高校まで、さまざまな出会いと別れを経験しながら、少年は自分の殻を破り少しずつ前に進んでいきます。思春期の心の揺れ動きを繊細に描いた作品です。

読むときのポイント

❶文章ではストレートに気持ちが表現されないため、真意をつかむように読む
❷「これ、どういうことだろう？」と思ったときはそのまま流さず、人物の気持ちに焦点を当てて考えてみるようにする
❸情景描写に気持ちを託す表現があるため、その情景が持つ意味合いを考えてみる
❹最後には希望がある。作品の「前向きラスト」が何を表しているか考える

森絵都（もり えと）

物語の設定が少し凝っていて、ストーリー展開も豊かで面白い作品が多いのが森絵都です。登場人物の描き分けに注目しながら読んでいきましょう。

『クラスメイツ』（全2巻）
偕成社

中学1年生になったばかりの24人が織りなす、等身大の青春ストーリー。ドキドキする出会い、友情の悩み、ちょっぴり甘酸っぱい恋など、誰もが経験する気持ちを丁寧に描いた連作短編集。クラスメイト全員が主人公、きっと共感できる物語が見つかるはずです。

『宇宙のみなしご』
KADOKAWA／角川文庫

真夜中の屋根登りを楽しむ、ちょっと変わった中学生の姉弟が織りなす物語。学校に行かないことを決めた姉と、そんな姉を心配する弟。思春期の心の揺れ動きや、友情の大切さを描いた作品です。

『永遠の出口』
集英社文庫

小学4年生から高校卒業までの9年間で主人公・紀子が経験する甘酸っぱくて少しほろ苦い思い出を、丁寧に描いた物語。特に小学生の数年間について描かれた章は小学生にぜひ読んでほしい部分です。

読むときのポイント

❶性格や立場、価値観など人物の描き分けの巧みさに注目する
❷設定を素早く読みとり、展開を予想しながら読む
❸物語が動き出す伏線ときっかけに気を配りながら読み進めていく

『あしたのことば』
小峰書店

「言葉」をテーマにした短編集。言えなかった想い、傷つけた言葉、励ましてくれたひと言。言葉はときに力を持ち、人を傷つけたり、励ましたりします。言葉の大切さに気づかせてくれる、心温まる8つの物語です。

『アーモンド入り チョコレートのワルツ』
KADOKAWA ／角川文庫

思春期の少年少女の、繊細な心の動きを描いた短編集。甘酸っぱい思い出やほろ苦い経験を通して、主人公たちは少しずつ大人になっていきます。思春期ならではのもどかしさや輝きを感じられる3つの作品が楽しめます。

椰月 美智子（やづき みちこ）

落ち着いたストーリー展開と、的確で癖のない文章を操る椰月美智子。心情描写や会話文に込められた意図を汲みとり、はっきりしたキャラ設定を楽しみましょう。

『しずかな日々』
講談社

小学５年生の主人公は、目立たない自分を「幽霊」みたいだと表現します。でも、クラスの人気者と親友になり、優しい祖父と過ごすうちに少しずつ変化が。自分らしさを見つけ成長する主人公の姿に、きっと勇気をもらえる物語です。

『十二歳』
講談社

小学６年生のさえたちは、ポートボールに夢中な毎日。友達とケンカしたり、好きな人ができたり、毎日がキラキラ輝いています。でも、どこか不安定で悩みは尽きません。主人公たちが小学校卒業という節目を迎えるまでを描く、等身大の物語です。

『14歳の水平線』
双葉社

中学２年生の加奈太は父親と２人暮らし。夏休み、父の故郷の島でキャンプに参加することに。新しい友達との出会い、そして30年前の父の思い出。少年時代の夏を描いた爽やかで心温まる物語。島の美しい描写も印象的です。

読むときのポイント

1. 端的な描写やセリフに込められた想いを丁寧に読んでいく
2. 主人公の負の要素、精神的な弱さや至らなさなどを優しく見守るように読む
3. 情景描写によって物語が展開していく様を感じとる
4. 美しい日本語の表現を体感しながらストーリーを丁寧に追っていく

第7章

おうちでできる国語力アップの方法

【発展編】

18

おはなしづくりをしてみよう

聞く力
話す力
読む力
書く力

取り組みやすさ
★★

おすすめ学年
小学校低学年〜高学年

「朝、通学途中にあったはずの建物がなくなって更地になっていた。もしかしたら、ここには公園ができるのかもしれない。それなら、特大のブランコとボルダリングができる壁ができるといいな」

いつもと同じ場所でも、子どもの目を通せば、そこには新たな物語が生まれます。

この章では、国語力を伸ばす取り組みの発展系をご紹介します。

子どもの自由な発想を形に

子どもたちの想像力は無限大です。そのとき、その年齢、その場所でしか生まれない、ユニークな言葉や表現があります。

彼らの心や頭に浮かぶ無数の物語を、できる限りすくい取ってあげたいものです。

私は、**さまざまな取り組みや読書を通して獲得した国語の力は、表現すること・創作することで、より楽しさを膨らませることができる**と考えています。

本書の最終章であるこの章で、〝楽しみとしての国語〟をお伝えできればと思います。

2020年より、小学校高学年向けの小説創作教室「かまくら国語塾」をスタートしました。

「書きたいこと、読みたいものを、どこまでも。」をコンセプトに、何かの〝ため〟ではなく、〝書く楽しみ〟を追求する場所です。本格的な作品集を制作したり、プロの小説家に来てもらったりしながら、「『書く』って楽しいし、深い」と感じてもらえるような空間づくりを心がけています。

これまで40人ほどのメンバーが在籍していて、子どもたちは日々、自分が生み出す物語と向き合っています。

ライティングワークショップと呼ばれるやり方を用い、「書かれた作品」について指摘をするのではなく「書くプロセス」、つまり**どうやって書くか**に注目して、そのための方法を子どもたちと共に見つけていくスタイルが特徴です。


実は、このかまくら国語塾を始めようと思ったきっかけが、長男との「おはなしづくり」の時間でした。

「この話、次どうなったら面白いと思う？」「続編で登場させてほしい動物はある？」など、次第に物語の設定や展開を考えるようになっていった長男の様子を見ていて、おはなしづくりの楽しさと効果を実感したのが原点です。


物語やおはなしを創り、読者や聞き手の感情と反応を予測しながら話を進めていく行為は、言葉を巧みに操りながら話の展開を考える高度なことです。

つながりを意識することになるため、論理的思考力も伸びますし、書く力、話す力などの表現力も身につきます。

また、自分が物語を読むときや聞くときにも、〝創り手側の視点〟を持てるように**なるため、読む力や聞く力も鍛えられ、総合的な国語力を伸ばすことに役立ちます。**

さらに、自分が伝えたいことを印象的に人に伝えるための方法として、物語化して話すこと「ストーリー・テリング」も注目されています。

ユダヤ人のユーリ・ハッソン教授は、プレゼンなどを物語化することで、聞き手だけでなく、語り手も物語の中に一緒に自分がいるように感じ、コミュニケーションが円滑になるということを論じています※。

また、人物や状況を想像するため、複数の感覚器官が働いて、お互いの脳が活性化していくとも述べています。

豊かで自由な営みでありながら、国語に必要な力を伸ばしてくれる「おはなしづくり」。ここでは、家庭でもチャレンジできる方法をご紹介してまいります。

「夜の10分間」ではじめの一歩

おはなしづくりの第一歩は、「一日の終わりの10分間」に、保護者がおはなしをする機会を作ってみることから始まります。

幼少期に寝かしつけで読み聞かせをしたり、おはなしを語ったりした経験があるかもしれませんが、小学生になってもしばらくはこの習慣を続けるイメージです。

おはなしづくりは、「寝ているベッドの横で親が優しく語りかける」というスタイルでなくてもかまいません。

寝る時間が近づいてきたら「では今からおはなしタイムです」と宣言して、食卓でもリビングでも、どこでスタートしてもＯＫです。

いきなりおはなしを創作して語ることが難しければ、**今までの人生で起きた面白いことから考えてみる**のもありです。

主人公を自分以外の名前にして少し大げさに話すだけでも、かなり盛り上がるおはなしになると思いますよ。

例えば、こんな感じです。

「アユさんは、親友の誕生日をすっかり忘れていて、おめでとうを言い忘れてしまいました。ショックだった友達は、しばらく口を聞いてくれません。いつも一緒に帰っていたのに、その日からはアユさんを避けるように下校してしまいます」

自分が実際に体験したことなら、案外スムーズに作っていける気がしませんか？

大切なのは、この最初の段階で**「いいおはなしを作ろう」と気負いすぎないこと**です。

私も寝る前におはなしをすることが多いですが、クライマックスに到達する前に子どもたちが寝息を立て始めることが多くありますし、私自身が寝落ちすることもあるくらいです。

毎日でなくてもかまいません。

週に1回でも、その時間を作ってあげられれば十分です。

低学年のうちは「今日は、土曜日です。おはなしの日でーす」と盛り上げていくのもよいでしょう。

親子で「共同制作」してみよう

頃合いをみて、**徐々に本人も巻き込んでいく**とさらに効果的です。

登場人物の設定と、おはなしのはじめの部分だけ保護者が話して、途中でバトンタッチ。「ここから先は、〇〇が作ってみて」と託します。

「えー、無理ー」と拒まれたら、別の手段です。


「次どうなったら面白いかな?」

「だれ(何)を登場させたい?」

「いい終わり方にする? 残念な終わり方にする?」

と聞いてみて、本人のアイデアを聞きます。

そして、まずはその通りに保護者が話してみましょう。

すると、段々とおはなしを創るコツがつかめてきて、自分でストーリーを考えることへの抵抗が本人から消えていきます。

慣れてきたら、いよいよ本人におはなしを作ってもらうといいですね。

親は聞く側に回ります。下のきょうだいがいる場合は、その子たちに向けたおはなしを考えてもらうのもお互いにとって最高です。

子どもに話してもらうときは、寝る直前だと脳が覚醒して睡眠の質が落ちてしまうかもしれないので、お風呂上がりや食事のあとなど、少し落ち着いて時間をとれるときに取り組んでみてもよいでしょう。

家族で日替わりでおはなしをする順番を決めるのもよさそうです。

ここまでご紹介したすべての取り組みにおいて大切なことではありますが、ここでも**とにかく褒める**。

子どもが作ったおはなしは、手放しでよいところを伝えましょう。改善点があったとしても、本人が気にかけ始めるまでは伝えません。

「最初のところがよかったね」

「登場人物が好きだなー」

「まさかそういう展開になるとは思わなかったよ」

「話しているスピードがとても聞きやすかった！」

など、褒めるポイントを探しながら聞きましょう。

そのうち、「なんかいつもワンパターンになっちゃうんだよね」とか「終わりかたが難しい」など、自分のおはなしを発展させたいという意欲が生まれてくる可能性もあります。

そんなときは、本人が飽きてきたり行き詰まっているときに、少し遠回しに「これまで読んだ本でどんな終わり方の話が面白かった？」と問いかけてみるのもひとつの手です。

すると、面白かった本を探したり、読書をするときに終わりを意識しながら読めるようになったりします。

一日の終わりのこの創作活動によって、物語を読むこと、そして書くことに目覚めるかもしれません。

組み立てたり、先を考えて話を作ったり、聞き手を意識してみたりと発展的な国語の力が身につきます。

物語の創り方①　最初はパロディから

次に、実際に保護者や子ども本人がどうやって物語を創ればよいかについて、具体的なパターンをいくつかご紹介します。

まず最初は、**「パロディ」（実際にある物語・マンガ・アニメなどの登場人物や場面を変えたおはなし）**がおすすめです。

桃太郎の主人公をアンパンマンに変えて、カレーパンマンと食パンマンとメロンパンナを仲間に従え、バイキンマンを倒しにいくというパロディ。

パロディのようでパロディではないですが、物語の型がすでにあるものに当てはめていくだけですので、取り組みやすいやり方です。

また、子どもの好きなアニメやキャラクターを登場させていけば、子どもも乗ってくるので盛り上げやすいのもポイント。

複数のアニメをミックスすることもできますね。

昔話や童話の話のパターンは、実際に多くの小説や物語で使われているものでもあるので、結構面白いおはなしが作れます。

・勧善懲悪《かんぜんちょうあく》（悪をこらしめ、正義は勝つ。例：桃太郎など）
・復讐《ふくしゅう》物語（誰かにだまされたり裏切られたりして、復讐を果たす。例：かちかち山など）
・恩返し物語（主人公が助けた人や動物が恩返しをしてくれる。例：鶴の恩返し、花咲爺さんなど）
・成功物語（困難な状況にある主人公が大きな夢や願いを叶える。例：シンデレラなど）

物語の創り方②　続き物語

「続き物語」（物語・マンガ・アニメなどの続きのオリジナルストーリー）も、取り組みやすく人気がある作り方です。

カメに負けてしまったウサギが、自信を失って走れなくなってしまった。それをカメが勇気づけ、ウサギは再び自信を取り戻して、森へ駆け出した——。

ウサギとカメの続き物語ですね。

続き物語の創作は、学校の国語の授業などでも取り入れられているので、もし、家庭でおはなしづくりに取り組むことができるようになっていれば、子どもたちが日々の取り組みで身につけた力を披露《ひろう》する場となることでしょう。

続き物語のよいところは、人物の設定がすでに完成されているため、それを利用しながら創っていけるところです。

昔話や童話、お気に入りのマンガやアニメの続きなど、題材も豊富にあります。

ハッピーエンド、バッドエンド、成長物語、10年後の姿など、「こうなると思う」という想像や「こんなふうに続くと面白い」といった期待と願望を考えられることが、続き物語の魅力です。

物語の創り方③　擬人化物語

3つ目にご紹介するのは、**「擬人化物語」**です。

これは、**身の回りにある「物」や「道具」、「乗り物」などに心を持たせて「人」のような存在として登場するおはなしを創っていく**ものです。

「トイ・ストーリー」のおもちゃたちや「カーズ」「機関車トーマス」なども擬人化物語です。

愛着があるモノから話を創るとやりやすいので、身の回りの筆記用具などを題材にするのもいいですね。

「かまくら国語塾」でも、擬人化物語を使っておはなしを創ってくれるメンバーがたくさんいます。小学5年生（当時）のスミレさんが書いた擬人化物語の冒頭をご紹介します。

大きさ3㎝のぼくは、日本中を旅してきた。

ぼくは一度、子どもの持ち物になったことがある。そこから三年は、その場所をはなれられなかった。ふつうなら三～五日、早ければ一日でまたべつの場所へいく。

まぁ、旅といってもいつもたいてい、真っ暗闇《くらやみ》の中なのだから、自まんできるわけでもない。


これは、500円玉の物語です。

500円玉になったつもりで、見えている景色や考えていることなどを書いていきます。

相手（物）の気持ちを想像する「他者理解」の感覚も磨くことができます。


目についたものや気になったもの、お気に入りのものや思い入れのあるものなど、たくさんの題材が身の回りに存在しています。

子どもが悩んでいたら、保護者から「いつもつけてるキーホルダーとかどう?」など提案してみてもいいですね。

今しか生まれない物語を「書いて」残す

おはなしづくりの最初のステップは、保護者が作ったおはなしを子どもが「聞く」だけでかまいません。

次に、子ども自身が「話す」。

そして、可能であれば、「書く」。

最終的に書くというアウトプットができれば、保護者にとって、そして何より本人にとっての宝物となります。

子どもたちの「書く」と自由に向き合った教育実践「ライティングワークショップ」の日本の第一人者である軽井沢風越《かざこし》学園の澤田英輔《さわだえいすけ》先生は、著書『君の物語が君らしく』（岩波ジュニアスタートブックス）の中で、「話すことと違って、書いたものは残ります。自分の思考や感情を文字に記して、未来に向けて残すことは、『いま・ここ』にいない誰かに、今の自分を届けることでもあるのです」と述べています。

書くことができたら、それは未来の自分への手紙にもなります。

小学校低学年の頃、絵本づくりのイベントに参加したあと、しばらく短い絵本を作ることにはまっていた我が家の長男も、自分の過去の作品を眺め、「このときはこんな書き方してたんだね」と懐かしく振り返っていることもありました。

第4章でご紹介した日記の取り組みの派生・発展系として、毎日の「書く」バリエーションのひとつに「おはなしづくり」を取り入れるというのも面白いですね。

一日の終わりのおはなしづくりから生まれた、長男が小学2年生のときの作品をご紹介します。当時大好きだったカマキリのおはなしです。

でも、今では虫に一切興味を示しません。これも、**〝その時、その場所でしか生まれない表現〟**だと思います。

『ひとりぼっちのとうめいカマキリ』

あるところにとうめいなカマキリが1ぴきいました。まわりからすがたは見えません。

「どうしてぼくは見えないんだ。どうしてぼくはひとりなんだ」

雨が上がるとにじが出ました。すると、とうめいカマキリのすがたが見えるようになりました。べつのカマキリがちょうどやってきて2ひきはともだちになりました。

「でもぼくにじがきえるとすがたがきえちゃうんだ」

そういうと友だちがふしぎなペンキで色をぬってくれました。とうめいカマキリはとうめいにならなくなりました。

ある日、あそんでいるとカエルがやってきました。2ひきのカマキリをねらっています。2ひきが食べられそうになったその時、空がはれてにじが出ました。ふしぎなペンキがぬられたとうめいカマキリがひかりかがやきました。カエルはびっくりしてにげていきました。

2ひきはそのあともずっとなかよくあそびました。　おしまい

実際、非常に質の高い国語の入試問題が多いフェリス女学院中学校でも、小説文の「続き物語を書く」という問題が頻出します。

物語の構成力、登場人物の設定を理解してその関係性を物語に表す力などが求められており、創作が得意になった生徒はいつもハイクオリティな解答を書いてくれます。

「昨日のおはなし、すっごく面白かったから今度何かに書いて読ませてよ。ママも手伝うよ」

などと話しかけてみて、本人にその気になってもらいましょう。

書くこと、創作することの不安とどう向き合う？

「うちの子には無理かも」
「作文が苦手だから難しいだろう」
「そもそも書くのが嫌い」

そう考えてしまうかもしれません。書いたり創ったりする技術以前に、書くことや創ることから気持ちが離れてしまっていることがあります。

でも、私たちが生きている日常は物語に溢《あふ》れています。

できごと、気持ち、気持ちや様子の変化、変化した理由を、時間の流れに沿ってまとめるだけで、物語が創れます。

日常のシーンをよく観察して、思ったことや疑問を言葉にしてつなげていくことで、物語が生まれるのです。

例えば、

・明日は運動会だ（できごと）
・1か月前からずっと楽しみにしていた（心情）
・でも、寝る前に急に寂しくなった（心情の変化）
・ずっとワクワクしていた気持ちが終わってしまうと思ったからかもしれない（変化の理由）

これらをつなぎ合わせれば、物語ができあがりますね。

『明日はいよいよ運動会だ。1か月前からずっと楽しみにしていた。でも、今日寝る前になって、急に寂しくなってきた。ずっとワクワクしていた気持ちが今日で終わってしまうと思ったからなのかもしれない』

ここまで書いたら、続きも書けそうな気がしてきます。

日記とは異なり、物語創作の素敵なところは、**事実だけにとらわれる必要がない**というところです。

嘘を入れたり、大げさに言ったり、登場人物を入れ替えたりすると、あっという間に現実は物語に形を変えます。

つらかったり、苦しかったりする現実を物語にすることで消化していくことは、多くの作家たちも実際にしていることです。

書き手の権利10カ条

「書くこと」「創作すること」に対して苦手意識を持っている子どもは多いかと思います。

それは、**ほかの人と比較をされたり、評価されたりすることに不安や恐れを抱くから**です。

かまくら国語塾では、「書き手の権利10カ条」というものを最も重要な理念として掲げて、子どもたちの不安を少しでも取り除けるよう心がけています。

その中のいくつかをご紹介いたします。

共有しない権利

自分が書いたものを誰かに見せると何か言われるかもしれない、直されるかもしれないと思うと、思考や筆が止まります。

また、書くことで自分のデリケートな内面をさらけ出すこともあります。

おうちで実践する場合は、「見せたくなかったら見せなくていいんだよ」「見せられるときがきたら教えてね」と伝えて、書くことへの恐怖心を取り除いてあげるといいですね。

書き直したり消したりする権利

「せっかく書いたのに、もったいない」「うまく書けなかったから、いいの！」こんなやりとりをしたことはありませんか？

自分が書いたものを消すことは、本人もきっと嫌なことです。でも、消す。それは、自分の中で葛藤を繰り返し、それでも消したいと思ったから消しているのです。

消すこと、書き直すことは本人の選択です。ぜひ尊重してあげましょう。

おはなしづくりにおいては、途中でやめてしまったおはなしを完結させる必要はない、と伝えてあげるといいでしょう。

いろいろ試して決まりを破る権利

子どもたちが「作文が嫌い」という理由の中には、決められた枠の中に収めるような書き方を強いられているから、というものがあります。

内容を決められてしまう、文字数の制限がある、漢字で書かなければいけない、句読点をしっかり打つ、絵を描いたらだめ、など正しいとされる書き方に沿うことに抵抗がある子は少なくありません。

これらは読む人が読みやすく、書く人が表現しやすくするためのルールですが、それによってがんじがらめにされてしまい、書くことが嫌いになっている子が増えているように思います。

でも、**書くことは本来自由なことです**。おはなしづくりにおいては、どんどんルールを破って思うがままに表現していいよ、と伝えてあげましょう。

▲書き手の権利 10 カ条

自分の内側から生み出された物語やおはなしは、その子自身のものです。

周りの人にどう思われようとも、自分の中から生み出されてきたおはなしに自信を持ち、そしてそれを生み出すことを楽しんでほしいと思っています。


子どもたちの刺激的な毎日はいつでも物語になりますし、また豊かな想像力はたくさんの特別なおはなしを創り出してくれます。

それを表現する環境や機会を、ぜひご家庭でも作ってみてください。

おすすめの小説創作のための本

「おはなし」を作ることができたら、もう立派な作家です。もちろん、それだけで十分すぎるのですが、その先に「小説」の創作があります。

小説執筆に興味を持ち始めたら、「小説の書き方」についての本もいくつか出版されていますので、ぜひ読んでみてください。

高学年以降向けになってしまいますが、おすすめの本を2冊ご紹介します。

●澤田英輔『君の物語が君らしく』（岩波ジュニアスタートブックス）

「書くこと」が自由であること、「書く」ことは書いているあなた自身のものであることを丁寧に知ることができる本です。〝書きたかったのに、書けなかった人〟に特におすすめです。

●はやみねかおる『めんどくさがりなきみのための文章教室』（飛鳥新社）

主人公と黒猫のやりとりで、「書く」とはどういうことなのかを楽しく学べる本です。前半は作文や文章の書き方・練習方法について、後半は小説の書き方について、実例と共に読むことができます。

※ Dialogues: The Science and Power of Storytelling
Wendy A. Suzuki, Mónica I. Feliú-Mójer, Uri Hasson, Rachel Yehuda and Jean Mary Zarate

こんな問題に強くなる

フェリス女学院中学校では、出題された物語文の続きを創作する問題が頻出します。入試問題ですので、それまでの展開や登場人物たちの特徴などをすべて踏まえたうえで書くことになります。難易度の高い問題ですが、「創る」「書く」が身についていればスムーズに取り組めるはずです。

▼物語文の続きを創作する問題

問 この文章の後に続く「次郎」の物語を、必ず「祖母」と「母」を登場させて、百八十字以内で創作しなさい。

（下村湖人「次郎物語」からの出題　２０１７年）

問 この文章の後に続く「吾一」の物語を百八十字以内で創作しなさい。

（山本有三「路傍の石」からの出題　２０１４年）

問 この文章の後に続く「私」と「弟たち」の物語を百八十字以内で創作しなさい。

（梶井基次郎「夕凪橋の狸」からの出題　２０１０年）

※文章、回答は省略しています。

おわりに

塾で教えるようになってから、長らく「国語」と向き合ってきました。

考えれば考えるほど「国語」ってつかみどころがない。言葉にすることを学ぶ科目なのに、「国語」を説明するのが一番難しいとさえ思います。


でも、こうやって考えること、言葉にしようとグルグルとめぐることこそが、国語なのではないかと最近は感じています。

あえて言葉にしないことすらも、国語の表現のひとつです。

その雲をつかむような曖昧さが国語の厄介な部分であり、奥深さであり、魅力なのではないでしょうか。

私は、「国語」が好きです。

先日、作家の高橋源一郎さんがかまくら国語塾にお越しくださいました。そのときの言葉をご紹介します。

「おはなしや物語は人間が考えるうえで最も適した形式だと思っています。なぜなら、物語には嘘もホントも両方入っているから。でも、両方あるからこそ一語一語考えて書かなきゃいけない。一歩一歩、確かめながら自分の足で歩いていくっていうのが物語です。僕は、生きていて、この世界のことをずっと考えていたいので小説を書いています」

何十年も書き続けた言葉の達人である高橋さんですら、これからもずっと言葉や物語を通して考えることを続けます。この世界のことを知るために。

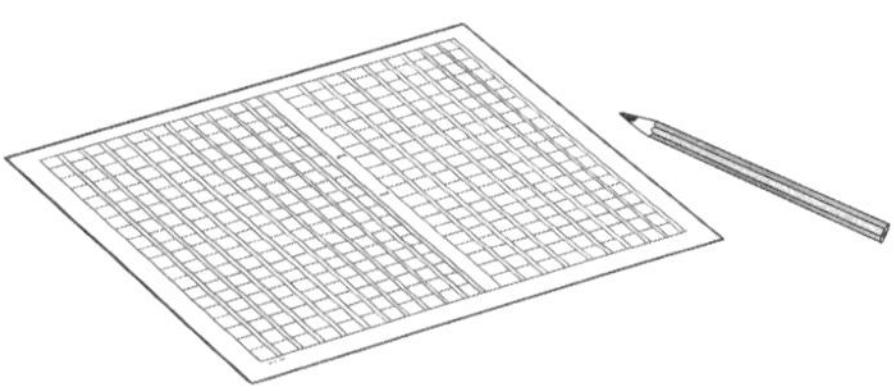

私たちも、言葉と向き合い、考え続けることで「世界」が少しずつ見えてきます。世界を知り、豊かに生きる。そのためには、やっぱり国語力が必要なのではないでしょうか。


本書でご紹介した内容すべてを実践することは不可能です。

楽しくできることや、興味を持ったことなどを取り組みの中心に置くようにして、各家庭に合った「言葉の環境づくり」をしていきましょう。

普段の生活から「国語」を、言葉を、切り離さないようにすることが大切です。

「国語を勉強しよう」ではなく、「生活の中に言葉がある」状態を作っていくイメージです。


でも、それでも、ぜーんぶ、うまくいかないときがくるかもしれません。

そのときは、やめてしまいましょう。手放します。

「うまくいかない、できない」で保護者がストレスを抱え、それが子どもに伝わるのは一番よくありません。

言葉の環境づくりのよいところは、やめようと思っても、環境が「そこにある」状態が続くことです。消えて無くなることはありません。

本棚はリビングに置かれていますし、ラジオは流れ続けますし、トイレにある日めくりカレンダーはめくられます。

だから、取り組み始めた「財産」は、日常の中で言葉の刺激を与え続けてくれるのです。いつの日か、突然効果を発揮し始めることもあるかもしれません。

私がこの本を書いていく中で、全編を通して「学ぶ」という言葉をほぼ使いませんでした。

「学び」ではなく、「日常的にそこにある」のが環境づくりである、というささやかなこだわりです。

環境を整えると共に、子どもたちが、自分で何に取り組むかを選ぶことは楽しいと思える経験をたくさんできるといいですね。

そして、決めたことを尊重する。「それを選んだんだね」とポジティブに応答しましょう。決めることに自信がつき、自分で判断する喜びが得られるはずです。

つまずきを恐れず、失敗を責めず、安心できる場づくりが、子どもたちの力を最大限に引き出します。

「子どもを航海士にしたければ、航海を学ばせるのではなく、ただ海のそばに置け」

という船乗りに伝わる格言があります。

自然に、ことばがある。

それが、国語力を高めることにつながるのです。

私自身も、そして多くの友人たちも子育て世代です。この本を最後までお読みくださった、子育てと真剣に向き合っている方の力に少しでもなれたら、という思いも込めて執筆しました。


本書の出版にあたり、多くの方々のご支援、ご協力を賜りました。心より感謝申し上げます。

まずは、企画に目を留めてお声がけくださり、執筆過程では丁寧かつ迅速なアドバイスで支えてくださった編集者の中野晴佳さん。一緒にプロジェクトを進めていく中で編集者の仕事の温かさと凄みを感じさせられました。本書が出版できたのは、中野さんのおかげです。また、表紙を含めた本書のイラストをイラストレーターのかないさんにお願いできたことは一生の自慢です。

「書くこと」や「国語」の楽しさに改めて気づかせてくださり、かまくら国語塾を始めるきっかけをくださった軽井沢風越学園の澤田英輔（あすこま）先生、企画段階から相談に乗ってくれたA-worksの滝本洋平さん、辛辣で的を射た愛情あるアドバイスをくれるイルム元町スクールの甲斐昌浩くん、ありがとうございました。また、日本医療デザインセンターの桑畑健さんは前に進む一歩をいつも共に考えてくれます。心の師です。

執筆のほとんどを、神奈川県鎌倉市にある〝はじまる学び場〟で行いました。インスピレーションが刺激され、不思議と筆が進む素晴らしい環境でした。

そして、楽しく愉快な毎日を過ごさせてくれる3人の子どもたち、子育てで毎日が忙しい中、いつも見守り応援してくれる妻にも心から感謝しています。

とりわけ長男のあきとさんとは、本書に書いたような取り組みを何年間も一緒にやってきました。あきとさんとの毎日が本になりましたよ。楽しかったです、ありがとう。

この本での取り組みをヒントに、多くの子どもたちが言葉に触れ、使いこなしてくれること。そして自分と向き合い他者を受け入れて、自由自在に広い世界へ羽ばたいていってくれることを、心より願っています。

中本順也

特別付録

本書をご購入いただいたみなさまに、
ダウンロードコンテンツをご用意しました。
使うも、使わないも自由です。
お好みに合ったものをぜひご活用ください。

ダウンロード方法

1. 二次元コード認証アプリを立ち上げ（お持ちでない場合はダウンロードしてください）、二次元コードを読み取ります。
2. リンク先に表示されたPDFファイルを保存し、お好みで印刷するなどしてお使いください。

特典❶

小学生向けおすすめ本100冊リスト

学年別ではなく「レベル別」になっているので、子どものレベルにあわせて選んでみてください。

読んだ日付と評価（5段階）が記入できるようになっています。

読んだ記録をつけて、100冊制覇を目指してみてもいいですね。

あえて「定番」を外しているので、きっと新たな出合いがあるはずです。

特典 2

ノートに貼って使えるマンガノート

171ページで紹介したマンガノートのフォーマットです。印刷してお使いください。

記入ができたら、ノートに貼りつけるだけでマンガノートの完成です。
※一般的なB5サイズのノートより少し小さめのサイズで作成しています。

特典 3

三語作文50問　問題と解答用紙

240ページで紹介した、三語作文の問題と解答用紙です。

週に一度、1問ずつ取り組んでいただくと約1年分使っていただけます。

回答は十人十色。どんな作文ができるのか、ぜひ楽しみながらお使いください。受験対策にもおすすめです。

【著者紹介】
中本　順也（なかもと・じゅんや）
◉——1981年生まれ。すばる進学セミナー代表／かまくら国語塾主宰。３児の父。
◉——慶應義塾大学文学部国文学科を卒業後、メーカーでマーケティングや営業に従事。その後、神奈川県鎌倉市にある「すばる進学セミナー」で子どもたちの中学受験・高校受験の進学指導や国語学習をサポートしながら、2020年には小学生のための小説創作教室「かまくら国語塾」も設立。小説家を招いたり、オリジナル作品集を作成したりするなど、言葉を編む楽しみを一緒に探していく空間を提供している。
◉——幼少期をオランダ・アムステルダムで過ごし、サッカーのとりこに。自身もプレーを続けながら、地元逗子市の少年サッカークラブではカメラマン兼コーチも務めている。大事にしている言葉は、「柳は緑、花は紅」「アイデアいっぱいの人は深刻化しない」。
◉——著書に、小説『漣の果てに。』（Amazon publishing）や共著『国語で「論理的思考」を育てる 書く・読むドリル 小学５・６年』（学芸みらい社）がある。

おうちでできる子《こ》どもの国語力《こくごりょく》の伸《の》ばし方《かた》

2024年10月７日　　第１刷発行
2024年11月19日　　第２刷発行

著　者——中本　順也
発行者——齊藤　龍男
発行所——株式会社かんき出版
東京都千代田区麹町4-1-4 西脇ビル　〒102-0083
電話　営業部：03(3262)8011㈹　編集部：03(3262)8012㈹
FAX　03(3234)4421　　振替　00100-2-62304
https://kanki-pub.co.jp/

印刷所——ベクトル印刷株式会社

　ISBN978-4-7612-7763-5 C0037